河海大学实验指导教材

港航专业
室内实验常用设备
快速入门　操作指南

严士常　秦淑芳　杨　越　编著

河海大学出版社
HOHAI UNIVERSITY PRESS
·南京·

图书在版编目(CIP)数据

港航专业室内实验常用设备快速入门操作指南 / 严士常，秦淑芳，杨越编著. -- 南京 ：河海大学出版社，2022.12

ISBN 978-7-5630-7143-2

Ⅰ. ①港… Ⅱ. ①严… ②秦… ③杨… Ⅲ. ①港口工程—实验设备—指南②航道工程—实验设备—指南 Ⅳ. ①U65—62②U61—62

中国版本图书馆 CIP 数据核字(2021)第 163780 号

书　　名	港航专业室内实验常用设备快速入门操作指南
书　　号	ISBN 978-7-5630-7143-2
责任编辑	龚　俊
特约编辑	梁顺弟　卞月眉
特约校对	丁寿萍
封面设计	张育智　吴晨迪
出版发行	河海大学出版社
地　　址	南京市西康路 1 号(邮编:210098)
电　　话	(025)83737852(总编室)
	(025)83722833(营销部)
经　　销	江苏省新华发行集团有限公司
排　　版	南京布克文化发展有限公司
印　　刷	广东虎彩云印刷有限公司
开　　本	718 毫米×1000 毫米　1/16
印　　张	11.25
字　　数	226 千字
版　　次	2022 年 12 月第 1 版
印　　次	2022 年 12 月第 1 次印刷
定　　价	58.00 元

序言 PREFACE

高校实验室是高校人才培养、科学研究、社会服务、文化传承创新、国际交流合作职能的重要平台和载体，是高校科研自主创新的主战场和培养创新能力的根据地。一流的高校实验室是建设“世界一流大学”和“世界一流学科”的必要基础和重要内容，是贯彻落实“加快建设创新型国家，瞄准世界科技前沿，强化基础研究，实现前瞻性基础研究、引领原创成果重大突破”的基本保障和关键动力。鉴于此，实验室也一直是高校建设及经费投入的重点所在。

河海大学是一所以水利为特色，工科为主，多学科协调发展的全国重点百年高校，拥有“水利工程”和“环境工程”两个一流学科。随着“211”工程及双一流建设工作的不断推进，学校在实验室建设方面不断加大资金投入，实验室仪器设备的种类及数量越来越多。港口航道工程与海洋科学实验中心（简称“实验中心”）是河海大学水利工程学科发展的重要支撑平台。“实验中心”由航道实验室等 11 个实验室组成，仪器设备数量近千台，近 10 年间，实验中心承担和参加科研项目共计 1 000 余项，仪器设备使用非常频繁，常用仪器使用率在 95%以上。《港航专业室内实验常用设备快速入门操作指南》能协助师生高效顺利开展实验，增加设备周转率，减少故障，提高设备使用寿命。

该书基于丰富的实验操作经验，对水位与流速、波高与波压、结构应力与应变、护舷缆力与船模、泥沙与地形、实验水槽与港池等六个方面，共计 23 类常用仪器设备的操作步骤、常见问题及解决方法进行了详细的总结。章节按设备类别划分，逻辑清晰，内容图文并茂，文字通俗易懂。在详细介绍各类仪器设备的同时，还明确了实验操作流程，实用性很强，无论是对于经常使用的教学科研工作者还是初学者都有着重要的指导作用。

前言 PREFACE

在十多年的波浪模型实验、设备软件研发及近几年的高校实验室管理工作过程中，越来越体会到一套切实可行的产品操作指南对于实验操作人员的重要性。对于初级用户，包括新用户和设备使用次数较少的用户，他们对设备性能了解较少，而设备厂家提供的操作说明比较细致全面，但也较为冗长，他们往往抓不住重点或无心去看，该类用户在年度内占比达 30%，实验过程中遇到问题，往往会向管理人员电话咨询，还有的用户会根据自己的理解进行操作，导致仪器故障频发，不仅浪费过多时间去做实验前的准备工作，还可能得到错误的测量数据，从而影响后期对实验结果的客观分析，更有甚者会导致仪器损坏或者影响仪器正常的使用寿命。即使对于经常使用仪器的资深用户，由于其并非仪器研发和管理的专业人员，也应配备切实可行的仪器操作指南，以备其实验前及实验中随时查阅。

该书内容经过两年多的反复操作实验、调查和记录，终于编写完成，其内容主要用于指导港航学科相关专业室内实验常用设备操作的快速入门。港航专业室内实验设备主要特点有：一是功能多，如同一套设备，波高、波压力、总力等参数均可测量，且其通道号与仪器编号之间有固定要求；二是种类多，仅室内实验室模型实验设备有 60 多类，1 000 多支；三是配件多，有的多达 8 样配件，准备实验设备时容易漏借，安装时也容易错乱；四是专业性强，精通某类仪器的师生不多，遇到问题往往需要花费较多时间；五是购买时间长短不一，有些仪器在 5 年以上，有些国外进口设备使用时间在 15 年以上，原型号设备有的已停产，导致配套软件安装环境、设备驱动端口等与目前 Win 7/Win 10 等 64 位电脑系统出现了严重不兼容，所以在使用设备时，需要特别提醒用户软件安装时需要注意的事项。

港航专业实验室服务于人才培养、社会服务、科学研究等各种实验场合，每年均面临着上千初级操作者。他们做实验时间有限、工作安排紧凑，亟须一种简洁、易懂且操作步骤明晰的操作指南，为此特意编写了该《港航专业室内实验常用设备快速入门操作指南》。其目的是协助师生快速熟悉实验设备操作流程，掌握正确的使用操作方法，能够独立并安全地使用设备，确保设备正常工作，保障设备使用寿命，提高设备使用效率。该指南包括实验仪器基本参数、配套设备、软件安装步骤、软件操作流程、常见问题及注意事项等。

全书共分六章。第一章水位与流速测量系统，第二章波高与波压力测量系统，第三章结构应力与应变测量系统，第四章护舷缆力与船模测量系统，第五章泥沙与地形测量系统，第六章实验水槽与港池测量系统。

本书搜集了设备在实验过程中的常见问题、解决方法及注意事项，通过亲身实验核实了各种设备操作流程的可行性和正确性。同时，在编写过程中得到了设备厂家、校内老师和学生的大力支持，首先感谢南京水利科学研究院、北京尚水信息技术股份有限公司、武汉优泰电子技术有限公司、江苏东华测试技术股份有限公司等设备厂家技术人员给予的耐心解答和指导；其次感谢河海大学朱瑞虎、马洪蛟、章家保、陶爱峰、王岗、贺瑞、薛米安、潘毅等老师的实验设备使用经验分享和积极协助；最后感谢刘亚伊、曹向明、马博、陈茂飞、陈文昊等学生提供设备常见问题及解决方法。

由于水平有限，时间仓促，本书难免存在疏漏之处，敬请读者批评指正，以便改进。

目录 CONTENTS

第一章　水位与流速测量系统

第一节　CSY02-8 型流速仪系统

1　系统概况

CSY02-8 型旋浆式流速仪的工作原理：当流速仪传感器上的旋浆置于水流中某测点位置时，旋浆在动水的推动下产生旋转运动，旋浆上有若干个叶片，其中一个叶片上涂有反光面，旋浆每转一周计数器便接收一个反射光信号，流速越大，转得越快，在选定的采样时间 T 内，通过计算处理，得到旋浆的转速(次/秒)，流速和旋浆转速为线性关系，因此测出各位置点的时均流速。

其主要应用于水工、河工和港工模型试验的流速测量，它由旋浆流速传感器和采集箱等部件组成，用于测量某点的时均流速或非稳定流的流速变化过程，以及多点的流速同步测量等。

1.1　系统硬件

CSY02-8 型流速仪系统，可以手动采集数据，也可以接入电脑自动测量。自动测量时可以有线采集，也可以通过无线接收装置无线采集。(如图 1.1-1)

手动采集时，其系统硬件有：采集装置、流速仪、采集装置与仪器连接线等。

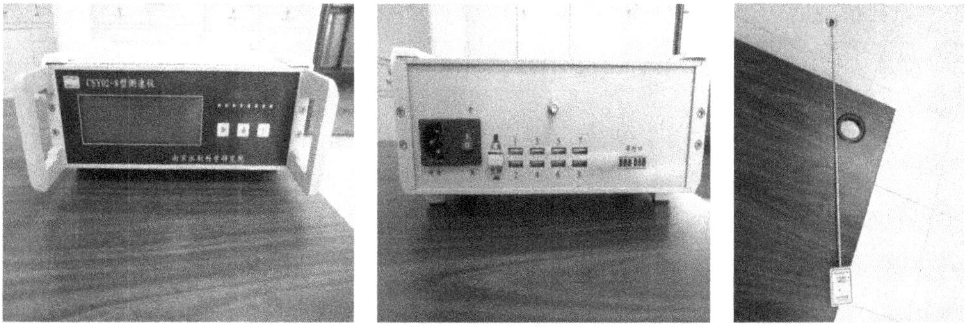

图 1.1-1　CSY02-8 型流速仪系统

电脑采集时，其系统硬件有：采集装置、流速仪、无线接收器、天线 2 根、电源(5 V)、电源线、采集装置与仪器连接线等。

设备基本信息

(1) 设备型号：CSY02-8

(2) 设备硬件组成：采集装置、流速仪、无线接收器、天线 2 根、电源(5 V)，配套线有流速仪与采集装置间的连接线、采集装置的电源线、电脑与无线接收装置的连接线。

(3) 技术指标：8 通道，测量范围(2～120)cm/s，测杆长 60 cm。

1.2 流速仪采集装置屏幕显示

采集装置屏幕显示如图 1.1-2 所示。

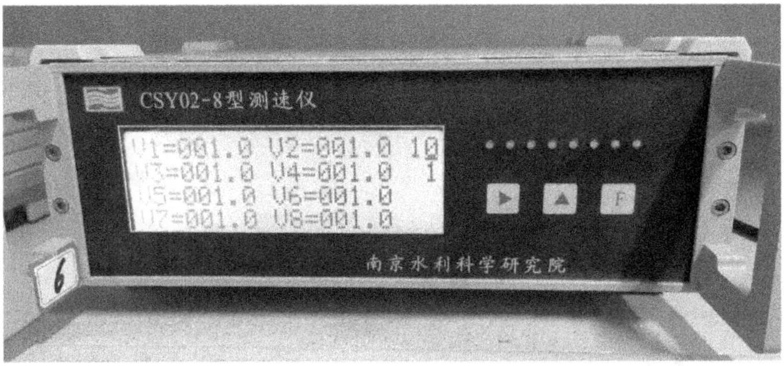

图 1.1-2 采集装置屏幕显示信息

1. 测量显示页

V	1	=	0	0	1	.	0		V	2	=	0	0	1	.	0		1	0
V	3	=	0	0	1	.	0		V	4	=	0	0	1	.	0			1
V	5	=	0	0	1	.	0		V	6	=	0	0	1	.	0			A
V	7	=	0	0	1	.	0		V	8	=	0	0	1	.	0		D	E

功能：同步显示八个本次测量的流速值(cm/s)V1…V8；

第一行最后 2 位数字 10，表示测量时间是 10 秒(测量过程中递减)；

第二行最后 1 位数字 1，表示重复测量 1 次(测量过程中递减)。如果数字大于 1，例如显示 3 时，当 3 次测量结束后，显示 3 次测量的平均流速值，流速符号用小写的 v1…v8 显示(手工记录时有这一功能，计算机多站同步测量时，重复测量次数应为 1，不显示小写的 v1…v8)。

计算机采集流速数据时，第三行最后 1 位显示 A，表示本流速仪(下位机)已按计算机要求将数据发送给计算机；第四行最后 1 位显示 E，表示本流速仪收到了计算机发给其他流速仪（下位机）的命令；第四行显示 D，表示本流速仪收到了计算机发来的正常命令。

2. 时间页（T 页）

0	7	/	0	8	/	0	8	/	1	0	:	2	0	:	4	5			K
A	u	t	o	=	1			T	i	m	e	1	=	0	5				K
R	e	s	e	t				T	i	m	e	2	=	0	3	2			Q
N	O	=	0	1				R	e	p	e	a	t	=	3				W

说明如下：第一行显示的是年/月/日/时：分：秒；

Auto＝1 表示计算机远程多台同步测量，Auto＝0 表示手工记录测量；

Time1＝05 表示测量时间设为 5 秒（取值范围 1～99 秒）；

Time2＝032 表示采样时间设为 32 秒（取值范围 3～250 秒）；

Repeat＝3 表示手动测量时重复次数为 3（取值范围 1～4）；

（特别注意：计算机远程多台同步测量时，必须 Auto＝1、Repeat＝1，否则采集不到数据或采集到的数据全部为 0）

NO＝01 表示本仪器的地址是 1 号站（可修改）；

Reset 复位命令，当光标移动到此，按下“F 键”，仪器复位，参数恢复为出厂时初始值；

K 转换 K 页面命令，当光标移动到第一行的 K，按下“F 键”，页面转换到 K1 页，光标在第二行的 K 时，页面转换到 K5 页；

W 写入命令，当光标移动到此，按下“F 键”，将修改后的参数写入内存（参数重新设置后，必须用 W 写入键将数据写入内存，否则参数修改无效）；

Q 返回命令，当光标移动到此，按下“F 键”，返回上一页。

3. 参数页（K1 页）

K	1	=	0	2	.	8	5		C	1	=	0	2	.	0	0			W
K	2	=	0	2	.	8	5		C	2	=	0	2	.	0	0			T
K	3	=	0	2	.	8	5		C	3	=	0	2	.	0	0			Q
K	4	=	0	2	.	8	5		C	4	=	0	2	.	0	0			K

功能：显示或修改 K1…K4 值，C1…C4 值；

W 写入命令，当光标移动到此，按下“F 键”，将修改后的参数写入内存；

T 转换 T 页面命令，当光标移动到此，按下“F 键”，页面转换到 T 页；

Q 返回命令，当光标移动到此，按下“确认键”，返回上一页；

K 转换 K 页面命令，当光标移动到此，按下“F 键”，页面转换到 K5 页。

4. 参数页(K5 页)

K	5	=	0	2	.	8	5		C	5	=	0	2	.	0	0			W
K	6	=	0	2	.	8	5		C	6	=	0	2	.	0	0			T
K	7	=	0	2	.	8	5		C	7	=	0	2	.	0	0			Q
K	8	=	0	2	.	8	5		C	8	=	0	2	.	0	0			K

功能：显示或修改 K5…K8 值，C5…C8 值，其余同(3)。

右移键　加一键　确认功能键

1.3 按键功能说明

(1) 在测量页时，具有第一组功能。

A 按一下“右移键”，页面转换到 K1 参数页面；

B 按一下“加一键”，页面转换到 T 时间参数页面；

C 在 Auto=1 时，每按一次“F 键”，进行一次测量。

(2) 在参数页或时间页面时，具有第二组功能。

A“右移键”，按一次光标右移一次；

B“加一键”，当光标在数值位时，按一次该位数字循环加 1，加到 9 后回 0；

C“F 确认功能键”：

当光标在 T 位时，按“F 键”，显示页面转到时间页面；

当光标在 K 位时，按“F 键”，显示页面转到 K1 或 K5 页面；

当光标在 W 位时，按“F 键”，修改后的参数写入内存；

当光标在 Q 位时，按“F 键”，显示页返回上一页；

当光标在 Reset 位时，按“F 键”，所有参数恢复到出厂时的参数。

1.4 仪器电脑操作步骤

(1) 在测量信息页，点击“右移键”，将页面转换到参数页(K1 页)面。

(2) 在 K1 页面，点击“右移键”，移动到 T 时，点击“加一键”，将页面转换到时间页(T 页)。

(3) 在 T 页，见图配置参数(图 1.1-3)，多台同步测量 Auto=1；如果测量时间设为 10 秒，则 Time1=010；如果采样时间设为 15 秒，则 Time2=015；测量时间根据实验需求设定；配置测站号，如 1 号测站，NO=01；Repeat=1，表示手动测量时重复次数为1;将光标移至“W”,按“确认功能键F”,修改后的参数写入内存。

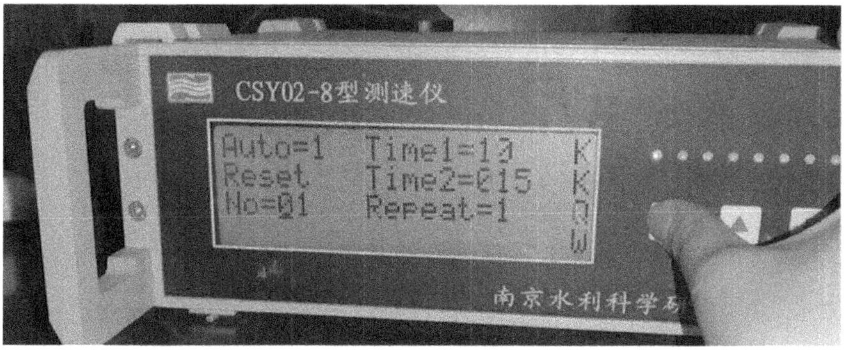

图1.1-3　T页面参数信息配置

(4)在T页面,点击“右移键”,当光标移至“K”时,修改仪器参数K1～K8信息。

(5)电脑软件端口配置(计算机右键,查看设备管理器端口信息)。

(6)软件“流速测量”参数设置页面,站点参数配置,保存。

(7)软件左侧“当前串口”方框打勾,站点状态正常,即可开始测量。

1.5　仪器手动操作说明

打开采集装置电源开关,显示屏中的8个流速值都显示“888.8”,表示显示屏显示正常。按下后面板上的“采集/自检”按钮,采集装置进行自检工作,自动输出每秒32个脉冲的自检信号(误差±1个脉冲)。按照设定的测量时间采集自检信号,并按设定好的K、C值计算出流速值。实际测量流速时应将采集装置后面板“采集/自检”按钮放在采集档(按钮弹起时)。

1. 在Auto=1时,为手工测量手工记录工作状态

按一次“F键”,流速仪按已设好的测量时间测量一次流速。手工记录下一组数据。再按一次键“F”,流速仪再测量一次流速。

若要修改时间参数,请按“加一键”,显示屏显示时间页面,然后按照按键的第二组功能进行时间等参数的修改和保存。

若要修改K、C值,请按“右移键”,显示屏显示K、C参数页面,然后按照按键的第二组功能进行K、C参数的修改和保存。

2. 在Auto=0时,为自动测量手工记录工作状态

打开电源开关,流速仪自动按事先设置好的参数自动进行流速测量。一个测量时间结束,手工记录下一组流速值。若重复次数是3次,继续进行第二次、第三次测量;3次测量完成,延迟一段时间用小写“v”显示3次流速测量的平均值。然

后再自动进行重复测量。开机后进入自动测量状态，面板上的按键暂时没有响应（目的是参数不要随便修改）。若要进行参数的修改和保存，与 Auto＝1 时的方法基本一样，只是操作上有点区别，方法是打开电源前，要用手按住“加一键”，打开电源后，当显示屏显示“888.8”时，松开按键，界面进入时间页面，这时就可按以上的方法修改和保存参数。要修改 K、C 值，同样要关机后，用手按住“右移键”进入 K、C 参数页面进行修改。

3. 在 Auto＝1、Repeat＝1 时，为多台流速仪计算机自动同步测量工作状态

测量前应将所有的流速仪（下位机）时间页面中有关参数设置为 Auto＝1、Repeat＝1。然后按照计算机（上位机）采集程序的操作方法进行测量。

1.6 流速计算公式

$$v = K\frac{n}{t} + C \tag{1.1-1}$$

式中：v 为流速值，单位 cm/s；K 为率定系数的斜率；C 为率定系数的截距；n 为测量的总计数；t 为测量的总时间。

初学者特别需要注意的是，每根流速测杆 K、C 值虽然差别不大，但均不一样，通常需要率定获得。

2 系统安装

2.1 运行环境

本系统为单机版软件，支持的操作系统为 Windows XP/2000/2003/7（32 位系统）。

为保证使用的效率，要求计算机主板处理器至少 1 G 双核，内存 2 G，显示器分辨率至少 1 024×768，2 个 RS232（或 RS485）串行口。

2.2 安装过程

请按照如下顺序进行系统的安装：

（1）打开安装文件夹，双击“Setup.exe”程序。如图 1.1-4 所示。

（2）此时弹出“正在准备安装”对话框。注意不要单击“取消”按钮。等待几秒钟之后，系统弹出“下一步”对话框，单击“下一步”按钮。弹出界面如图 1.1-5 所示。

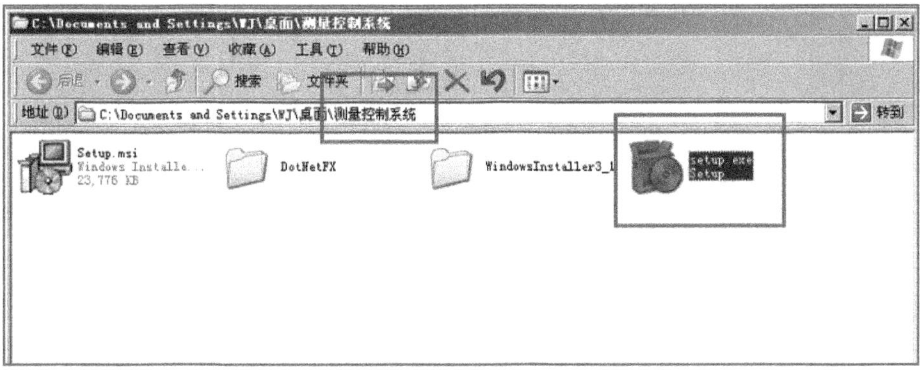

图 1.1-4　软件安装文件

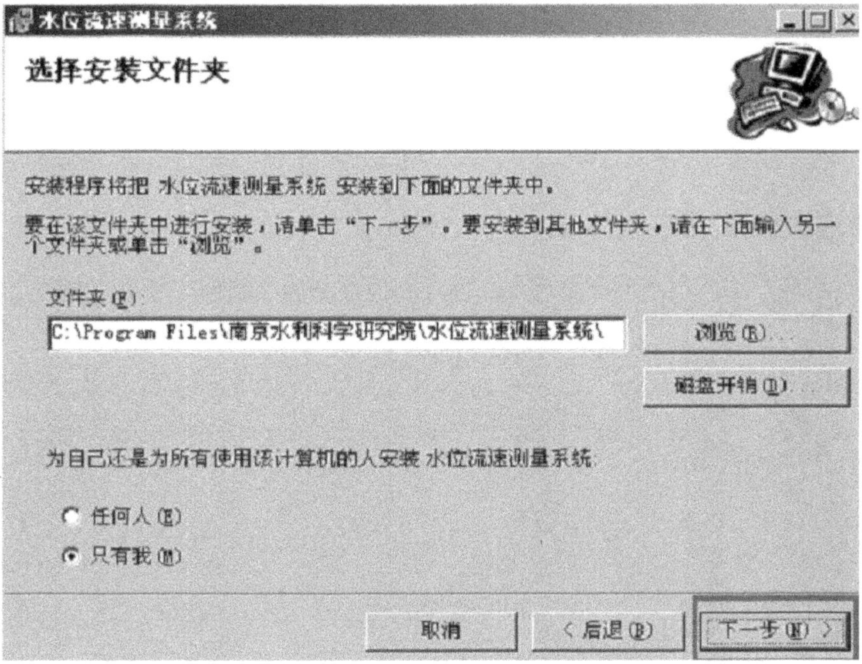

图 1.1-5　系统安装路径

(3) 在上面的界面中，单击“下一步”按钮，此时正式开始安装，在安装的过程中，一路默认，直到安装完成。

(4) 此时在计算机的“开始”菜单中，可以看到已安装的系统。

(5) 单击计算机的“开始—程序—南京水利科学研究院—水位流速测量系统”，可以启动程序。程序启动后的界面如图 1.1-6 所示。

图 1.1-6　水位流速测量系统首界面

3　流速参数设置

系统运行以后，单击“欢迎”按钮后面的“流速测量”按钮，会出现如图 1.1-7 所示的界面。

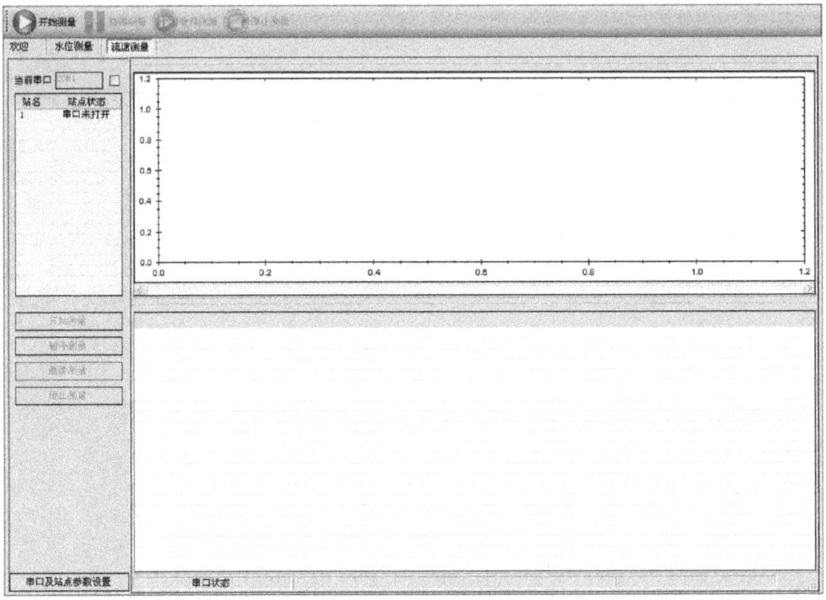

图 1.1-7　流速参数设置

3.1　流速测量参数设置

在上面的界面中，单击“串口及站点参数设置”按钮，会出现图 1.1-8 所示的“参数设置”窗体，窗体显示“系统参数”的设置内容。

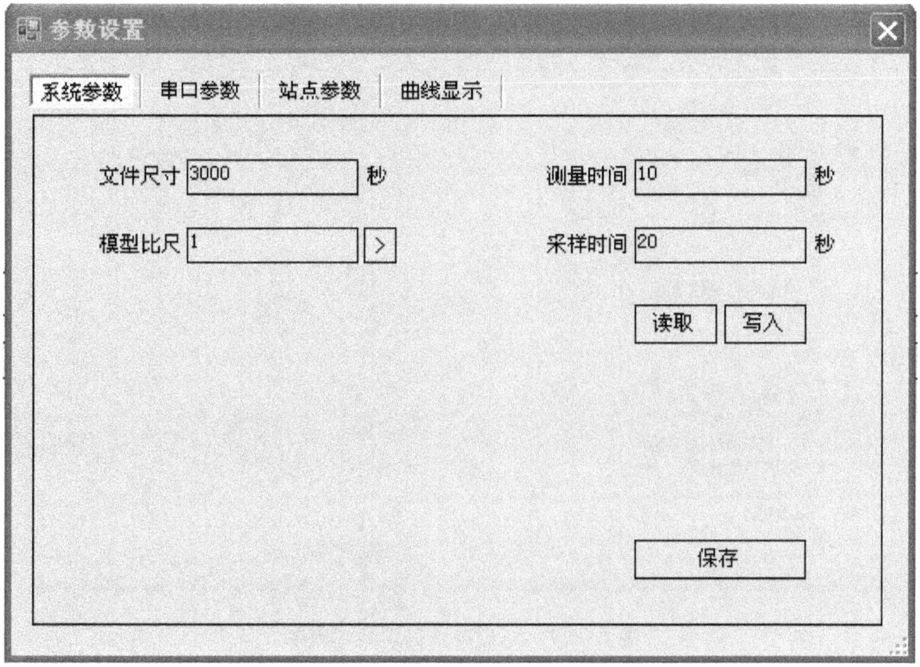

图 1.1-8　系统参数设置

“文件尺寸”是指水位采集数据记录文件的大小，文件长度以秒为单位。“模型比尺”框键入流速比尺，就可将实测的模型流速转换成原型流速值，列表显示在采集页面并保存记录在计算机里。完成以上数值的设置或修改，单击“保存”按钮，系统参数的设置被保存在计算机内存中。

“采样时间”是指采集一次流速的间隔时间，最小值为 3 秒，最大值 250 秒。“测量时间”是指测量一次平均流速的时间，最小值为 1 秒，最大值 99 秒。通过单击“读取”按钮，可以获得设置好的“测量时间”（此时应打开流速仪，保证流速仪的有关设置是正确的，具体见流速仪设置说明），若需修改测量时间，将数值修改后，单击“写入”按钮，数据会自动写入并保存。初次使用要进行一次“读取”和“写入”的设置。

参数设置完成后，单击界面右上角的“×”按钮，可以关闭“参数设置”窗体。

3.2　流速串口参数设置

在图 1.1-8 所示的“参数设置”窗体中，单击“串口参数”按钮，会出现如图1.1-10所示的界面，对于一般用户只需对串口号做选择，“计算机”右键，查看“设备管理器”下的USB端口——(COM 4)，如图 1.1-9 所示。在图 1.1-10 选“COM 4”，然后“保存”，完成流速串口参数的设置。串口属性中的其他参数一般不需修改。

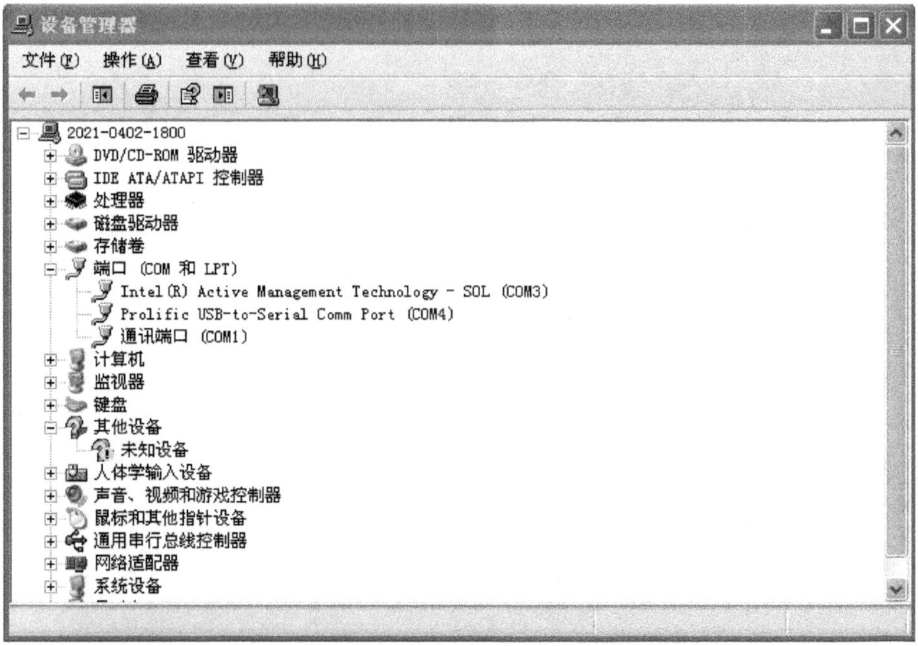

图 1.1-9　电脑系统通讯端口查看

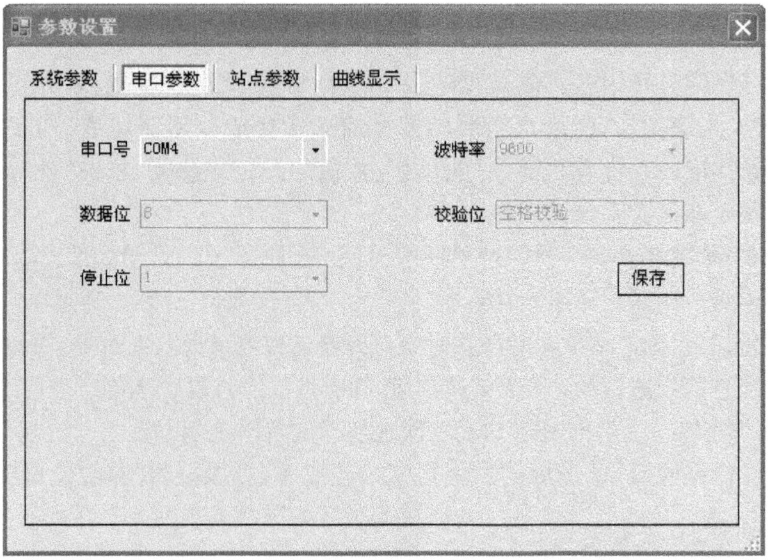

图 1.1-10　流速串口参数设置

单击界面右上角的"×"按钮，可以关闭"参数设置"窗体。

3.3　流速站点参数设置

在"参数设置"窗体中，单击"站点参数"按钮，会出现如图 1.1-11 所示的界面：

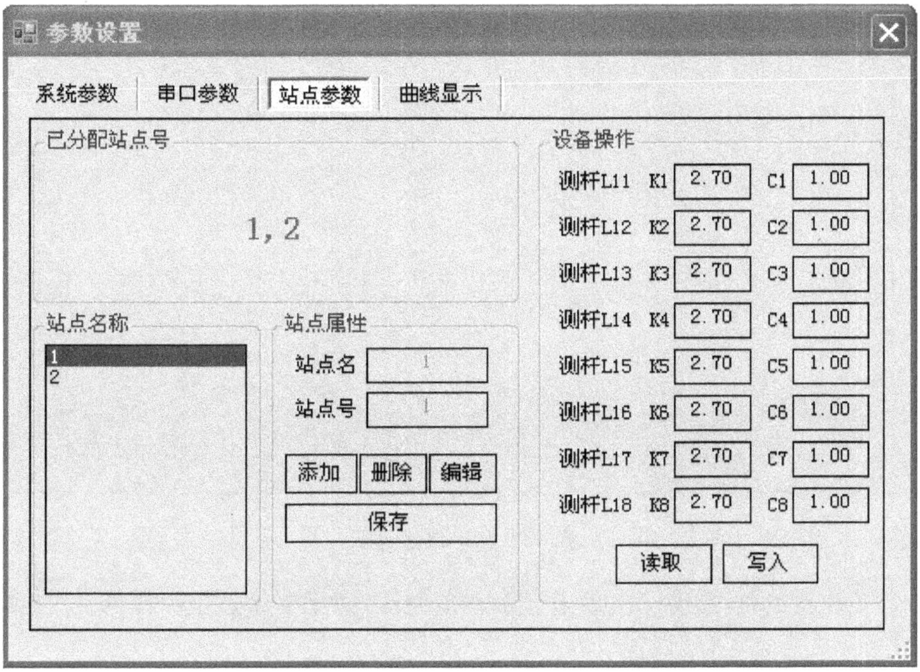

图 1.1-11　站点参数设置

如果需要对现有站点的 K、C 值进行查阅、修改，需要首先在左边的站点列表中选择相应的站点，然后单击界面最右边的"读取"，此时可以获得该站点各测杆的 K、C 值，填入需要改变的数值，然后单击"写入"按钮，可以完成 K、C 值的修改。

需要注意的是，在添加站点和编辑站点的过程中，如果想取消添加或编辑，只需要在列表中选择不同的站点就可以了。K、C 值编辑过程中的取消同样如此。

站点设置完成后，单击界面右上角的"×"按钮，可以关闭"参数设置"窗体。

3.4　流速曲线设置

在"参数设置"窗体中，单击"曲线显示"按钮，会出现如图 1.1-12 所示的界面。界面中列出了所有已经配置好的站点，站点后面的"√"或者"×"分别表示在测量的过程中，该站点的测量值是否以曲线的形式显示在界面上。如果需要改变，鼠标双击"√"或者"×"，然后单击"保存"按钮即可。

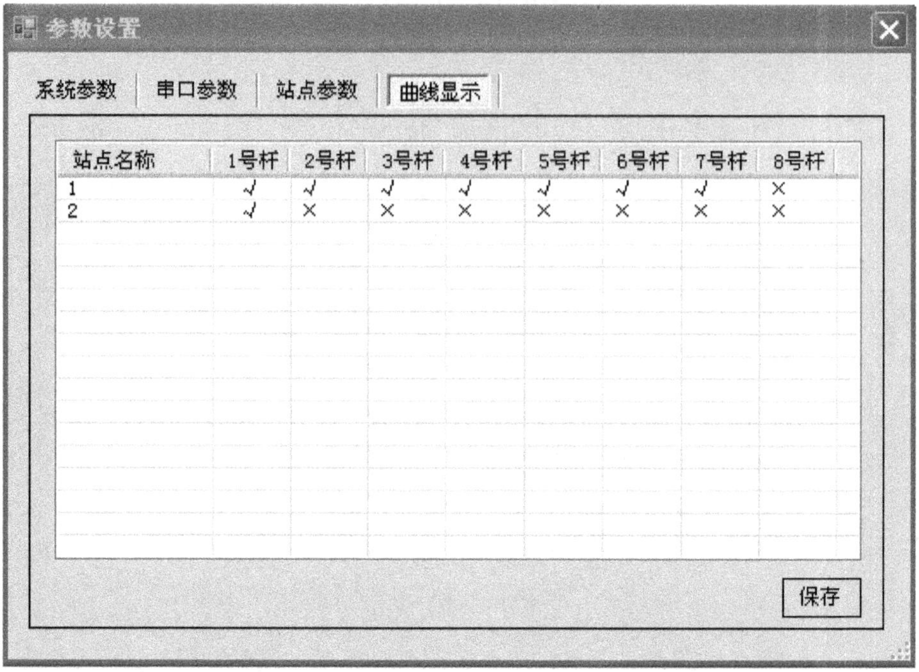

图 1.1-12　曲线显示

需要注意的是，系统一次最多显示 8 条曲线，请不要超过这个数值。“曲线显示”设置完成后，“保存”设置。

3.5　流速自动测量

系统运行以后，单击“欢迎”按钮和 “水位测量”按钮后面的“流速测量”按钮，会出现如图 1.1-13 所示的界面。在确认串口正确的情况下，单击其后的空白方框，直到方框中出现“√”，表示串口已经正常打开，此时可以开始测量，单击工具栏上的“开始测量”按钮，即可进行流速的自动测量。

在自动测量的过程中，计算机屏幕会以曲线以及列表的方式实时显示流速值。如果需要暂时停止测量，可以单击工具栏上的“暂停测量”按钮。暂停后，用户点击“继续测量”按钮，程序接着继续测量。测量结束，点击“停止测量”按钮，计算机停止本次测量。

在程序安装的根目录，通常是“C:\Program Files\南京水利科学研究院\水位流速测量系统\Files\”目录下，保存了数据文件。流速数据的文件名是以“流速”加“下划线”加当前的“年月日时分秒”命名的，如“流速_20200601080000”。

如果需要获得测量的结果文件，可以打开程序的安装目录，通常是在“C:\Program Files\南京水利科学研究院\水位流速测量系统\Files\”目录下，获取测量结

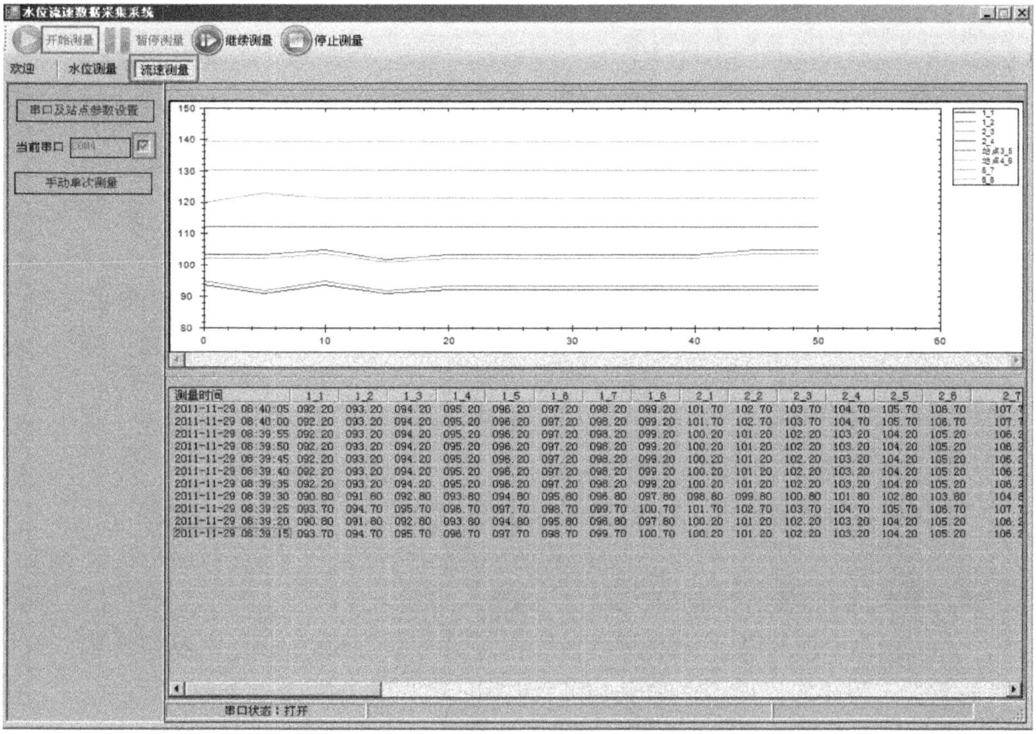

图 1.1-13　流速自动测量

果的文件。

需要注意的是，在串口打开的情况下，各参数是不能进行设置的。

4　常见问题与注意事项

4.1　常见问题及解决办法

问题一：旋桨转动不灵敏或突然停止转动。

在使用前，拿住旋桨轴，轻吹桨叶，或者用手轻轻转动桨叶，从各个角度观察旋桨转动情况，如果旋桨转动不灵敏或突然停止转动，说明旋桨部件出现了故障。

解决办法：

(1) 查看旋桨上面是否缠绕丝线，或者进入泥沙，对仪器进行清洗检查，清洁旋桨转子，并对仪器进行保养。

(2) 检查旋桨的轴向间隙，查看旋转部件是否有磨边现象，如果有，则是因为轴向间隙太小，可先放松固轴螺丝，把旋桨轴拔出一些，调整正确后再把固轴螺丝拧紧，拧紧螺丝时切勿用力过猛，防止旋桨轴倾斜。

(3) 其他问题，请联系专业人员拆卸仪器，检查旋浆螺丝帽的安装是否准确，轴向间隙和装配位置是否符合要求(间隙 0.4 mm)等。

问题二：旋浆转动时没有信号或信号不正常。

解决办法：

(1) 检查旋转部件是否松动，如果松动，则旋紧固轴螺丝或导管螺帽。

(2) 检查接触丝是否氧化，清洁接触装置，去除接触丝上的绕线、铜绿或氧化物。

(3) 其他需要对仪器进行拆卸和安装问题，请联系专业人员拆卸仪器进行操作。

4.2 注意事项

仪器在使用过程中，应注意以下事项：

(1) 仪器要轻拿轻放，不能任意碰撞仪器，尤其是旋浆、尾翼等部位。

(2) 仪器临时不用时，要先对仪器进行清洗，清除泥沙和缠绕丝线，再放置在干燥通风的地方，避免流速仪生锈。

(3) 仪器出现故障，在对流速仪进行拆卸清洗和安装时，必须由熟知仪器结构和拆卸方法的专业人员进行操作，切勿随意拆卸仪器。

(4) 流速测量过程中应保持旋浆轴线和流速方向平行。

第二节　NKY08-2 型探测式水位仪

1　系统概况

1.1　系统硬件

NKY08-2 型探测式水位仪，机械结构简单，工作可靠，不用丝杆传动，测量灵敏、准确。微机采用 485 总线实现多机同步采集，简单、实用、可靠，价格低，具有无线数据传输功能。探测式水位仪测量水位时不受水的表面张力影响，采用单探针测量水位可以克服模型流速大时抬高水位产生的测量误差，具有故障自检测功能。见图 1.2-1。

图 1.2-1　NKY08-2 型探测式水位仪

设备基本信息：

(1) 设备型号：NKY08-2。

(2) 设备硬件组成：水位仪、无线接收装置、天线、数据连接线和软件。

(3) 技术指标：分辨率 0.001 cm，准确度±0.01 cm，测量范围 40.00 cm，跟踪速度 1～5 cm/s，数据通过 RS-485 通信口传送，可无线传输，工作电源为 AC 220 V。

1.2　仪器屏幕显示说明

启动 NKY08-2 型探测式水位仪后，屏幕会显示如下两行信息，信息含义如下：

H	=	1	2	.	3	4	5	c	m		0	0	5		1
h	=	0	0	.	0	0	0	c	m		0	0	1		5

第一行：H＝12.345 cm 为实测水位值；“005”的含义是，当第一行最后 1 位设为 0 时，表示每隔 5 秒本水位仪自动采集一次水位，手工记录水位时，会用到；最后 1 位只可以设为 1 或 0，设为 1 时，表示的工作状态是计算机同步采集多台水位仪数据（该位设置成 1，计算机才能采集到数据）；设为 0 时，表示单台水位仪自动采集水位，无计算机采集时，可手工记录数据。

第二行：h＝00.000 cm 暂时备用；“001”，表示本台水位仪的站点号是 1 号仪器；“5”，表示探测式水位仪探测一次水位后，探针向上提升离开水面的高度，其设定值的范围是 1～9，数字越大，提升的相对高度越高。

1.3　按键功能说明

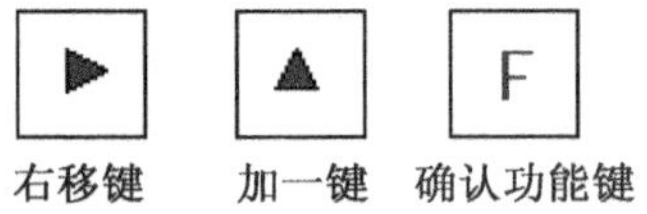

“右移键”，按一次右移键，光标右移一次；

“加一键”，当光标停在数值位时，按一次该位数字加 1，0～9 循环；

“F 键”确认功能键，其功能有：当第一行最后一位设为 1 时，按一次“F 键”，探测一次水位；当设置参数修改好以后，将光标移动到第一行“H”位置时，按一次“F 键”，修改后的数据保存到水位仪中。

1.4　程序复位说明

当水位仪程序运行出现异常时，按下任意一个按键后，再打开电源，屏幕显示后，释放按键。再重新打开电源，所有设置的参数恢复到出厂时的设置。

2　系统安装

2.1　运行环境

本系统为单机版软件，支持的操作系统为 Windows XP/2000/2003/7（32 位系统）。

为保证使用的效率，要求计算机主板处理器至少 1 G 双核，内存 2 G，显示器分辨率至少 1 024×768，2 个 RS232（或 RS485）串行口。

2.2　安装过程

系统的安装详情请参考第一章第一节 2.2 章节。

2.3　水位仪安装

水位仪安装步骤如下：

(1) 水位仪安装支架水平面应高于模型最高水位 10 cm 以上。

(2) 把水位仪探针装进水位仪滑动杆，探针露出滑动杆尽量短一些。连接好无线天线，将水位仪牢固安装在水位仪支架上，轻轻将水位仪滑动杆向下拉到最下端，此时如果探针还没达到探测最低水位时，旋松探针紧固螺栓，把探针拉到最低水位测量处，但探针不能碰到河床，至少要高于河床 5 mm。

(3) 设定本水位仪的站点号，一个模型试验系统不能有重号。

(4) 其他参数通常用出厂时的默认值。特殊应用，根据需要重新设定。

(5) 打开电源，水位仪自动将探针向上提升到最高水位处，显示最高水位 22 cm(或 40 cm)后，向下探测水位，到达水面时，连续测量水位三次，等待计算机指令。

(6) 若需检测仪器每按下一次“F 键”，完成一次水位测量。

在启动软件前，如果采用无线采集方式，请连接水位仪—无线接收器—天线 2 根—电源(5 V)，配套线有水位仪连接线、电源线、电脑与无线接收装置的连接线。

3　软件操作

水位测量与流速测量应用的是同一个测量系统，即水位流速测量系统，系统启动后的界面如图 1.1-6 所示。

3.1　水位测量

系统运行以后，单击“欢迎”按钮后面的“水位测量”按钮，会出现如图 1.2-2 所示的界面。

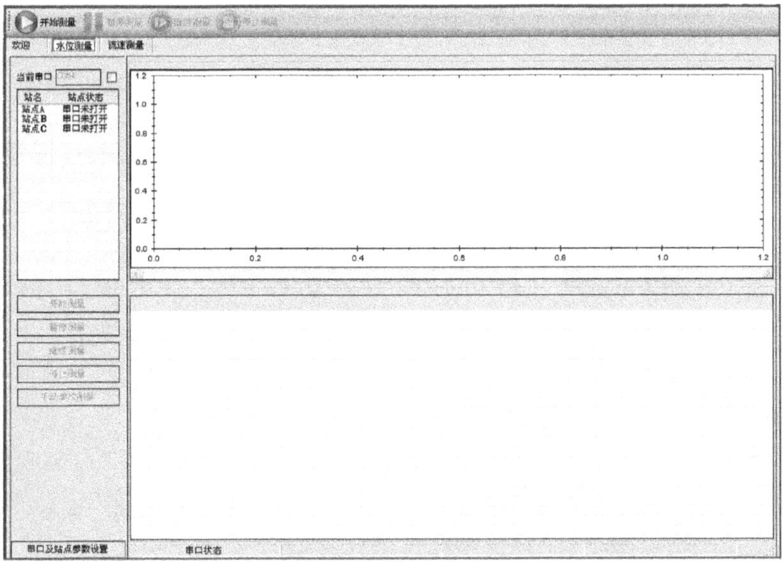

图 1.2-2　水位测量界面

3.2 水位测量参数设置

在图 1.2-2 所示的界面中，单击“串口及站点参数设置”按钮，会出现“参数设置”窗体，如图 1.2-3 所示，窗体显示“系统参数”的设置内容。“采集周期”是指测量一次水位的间隔时间，最小值为 1 秒。“文件尺寸”是指水位采集数据记录文件的大小，文件尺寸以秒为单位。在“模型比尺”框键入水位比尺，就可将实测的模型水位值转换成原型水位值列表显示在采集页面，并保存记录在计算机中。完成以上数值的修改或设置，单击“保存”按钮，系统参数的设置被保存到计算机内存中。

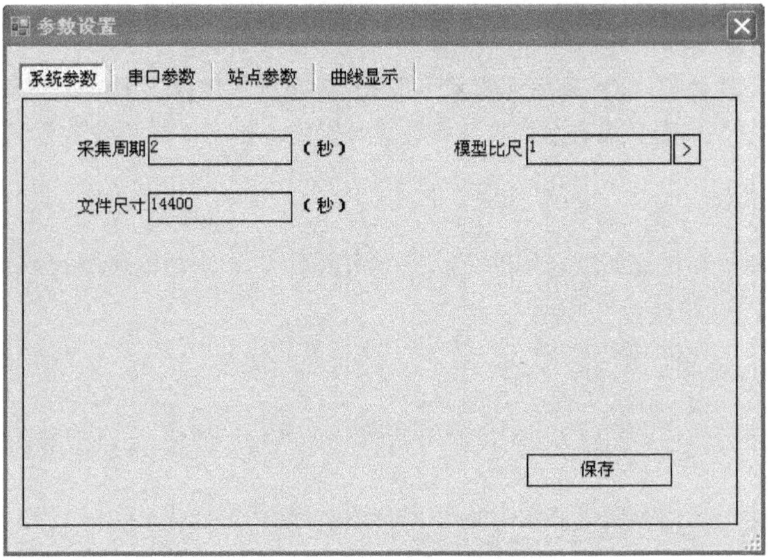

图 1.2-3　水位测量参数设置

参数设置完成后，单击界面右上角的“×”按钮，可以关闭“参数设置”窗体。

3.3 水位串口参数设置

与流速仪串口参数设置一样，请参考“第一章第一节 3.2 流速串口参数设置”。

3.4 水位站点参数设置

在“参数设置”窗体中，单击“站点参数”按钮，会出现如图 1.2-4 所示的界面。如果需要新增站点，请单击界面中的“添加”按钮，然后在右边的空白文本框中填入站点名和站点号，以及测针常数，然后单击“保存”按钮。“站点名”可以是中文、英文和数值型数；“站点号”只能是正整数；“测针常数”为数值型数。

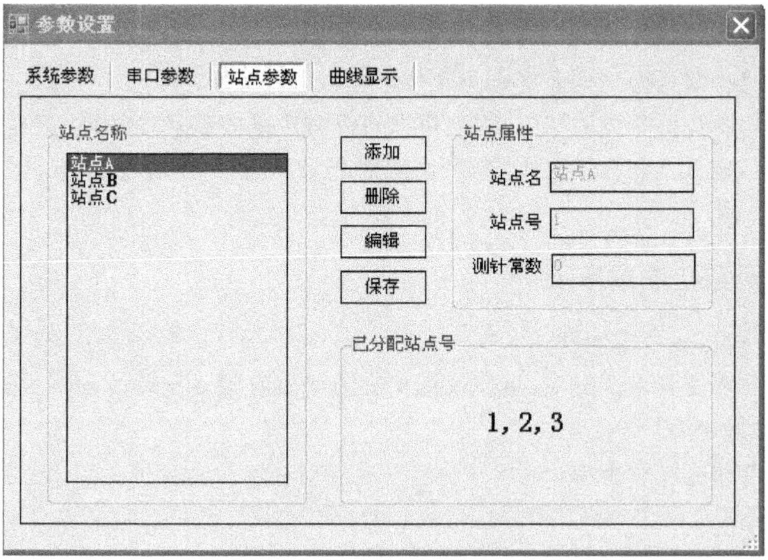

图 1.2-4　水位站点参数设置

如果需要对现有站点的名称和测针常数进行修改，需要首先在左边的站点列表中选择相应的站点，然后单击上图界面中的“编辑”按钮，接着在右边的文本框中填入新站点名和测针常数，完成以上的设置或修改，然后单击“保存”按钮。

需要注意的是，在添加站点和编辑站点的过程中，如果想取消添加或编辑，只需要在列表中选择不同的站点。

3.5　水位曲线设置

与流速曲线设置一样，请参考“第一章第一节 3.4 流速曲线设置”。

3.6　综合自动测量

如果需要水位和流速同时自动测量，请依次打开水位测量串口和流速测量串口，然后单击“开始测量”按钮。

其余操作均与水位自动测量或者流速自动测量的方法一致，此处不再详细描述。

3.7　水位手动测量

手动测量适合恒定流时应用，可根据需要随时点测，列表显示数据并记录文件，退出系统前，用一个文件名将所测数据保存下来。

系统运行以后，单击“欢迎”按钮后面的“水位测量”按钮，会出现如图 1.1-6 所示的界面。在界面中，首先在确认串口正确的情况下，单击其后的空白方框，直到方框中出现“√”，表示串口已经正常打开。此时，可进行手动测量。单击“手动单次测量”按钮，即可得到列表显示的水位数据。

如果需要获得测量的结果文件，可以打开程序的安装目录，通常是在“C:\Program Files\南京水利科学研究院\水位流速测量系统\Files\”目录下，来获取测量结果文件。

4 常见问题与注意事项

问题一：探头外露问题。

在对动水位测量情况下，水位仪探头安装或放置深度比较浅，有可能出现探头露出水面的情况。

解决办法与注意事项：

(1) 在蓄水流量不变的情况下，先估算水位仪探头位置，放置水位仪，观测水位测值，得到最佳测深，再将水位仪固定，开始实验。

(2) 通过软件来测量水位实时数据，并读取水位探头参数，根据两者关系得出水位仪探头离水面的距离。

问题二：电源故障导致仪器工作不正常。

解决办法与注意事项：

(1) 首先检查仪器供电是否正常，仪器间的电源连接是否正确。

(2) 水位仪在使用蓄电池直流供电的特殊情况下，如果停电时间较长，蓄电池电压逐渐变小，仪器的直流供电会出现欠压现象，仪器将无法正常采集和保存数据，所以要经常测量蓄电池的电压，当低于 11.5 V 时就需要更换蓄电池。

(3) 如果水位仪是由 UPS 交流供电，首先用万用表检查 UPS 交流输出是否稳定，如果 UPS 交流输出正常，有可能是仪器主机中的交直流转换模块出了问题，需要拆卸仪器的工作，请联系专业人员维修。

第三节　小威龙剖面流速仪

1　系统介绍

1.1　小威龙剖面流速仪概述

小威龙剖面流速仪测量原理：中心传感器发射一个声波脉冲，四个接收器接收悬浮在水中的粒子反射脉冲，根据反射脉冲的多普勒频移来确定粒子运动速度。

小威龙剖面流速仪测量范围：可以测量距离探头 40～70 mm 这一个剖面的速度时间序列，取样体大概直径 6 mm。见图 1.3-1。

1.2　设备基本情况

(1) 设备型号：10 MHz。

(2) 设备硬件组成：测杆、24 V AC/DC 适配器、蓝色信号线、RS422 USB 转换器和 B 型 USB 转接线。

(3) 设备特征：仪器探头由钛制成，有 4 个接收传感器和一个发射传感器。4 个接收传感器都安装在 1 个接收臂内，发射传感器位于探头的中心。其中 1 个有记号的探头对应的是正 X 轴方向。

2　系统安装

2.1　硬件系统

小威龙剖面流速仪，包括 Vectrino Profile 测杆 1 根，24 V AC/DC 适配器，蓝色信号线，RS422 USB 转换器，B 型 USB 转接线。

注意：不要磕碰探头的“爪子”，以免损伤探头；测试需要水中环境。

图 1.3-1　小威龙剖面流速仪

2.2　软件系统

2.2.1　运行环境

软件名称 Vectrino Profiler，安装位置，必须安装在系统盘，如 C 盘。

系统要求：基于 500MHz X86 的主机；安装了 Java 虚拟机的 Windows NT/Vista/Window 7 的 32 位或者 64 位的操作系统；1 GB 及以上的内存；USB 端口；最小显示分辨率为 1 024×768。

2.2.2 软件安装

(1) 打开软件安装包，运行 Java 可执行程序，Vectrino Profiler 需要 Java 运行环境。如图 1.3-2 所示。

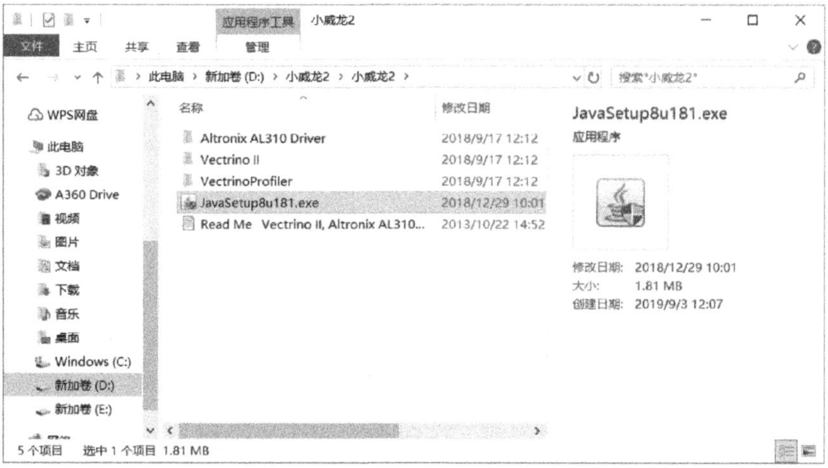

图 1.3-2 运行 Java 可执行程序

(2) 安装 Vectrino Profiler 软件，见图 1.3-3 和图 1.3-4。

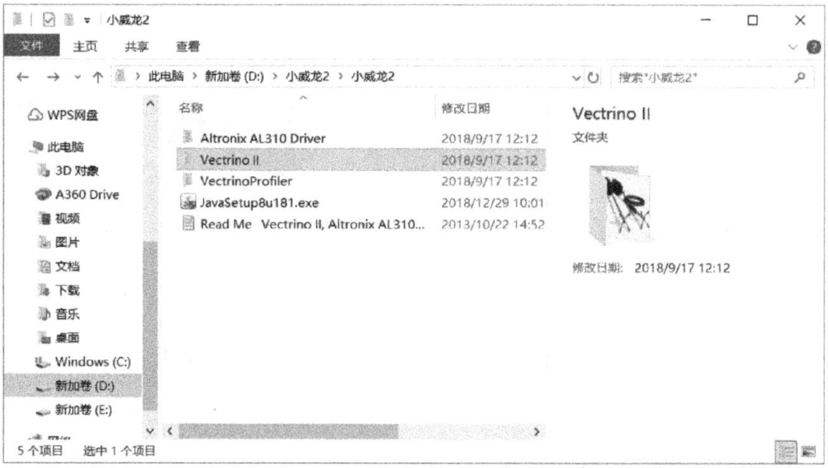

图 1.3-3 安装 Vectrino Profiler(小威龙)软件

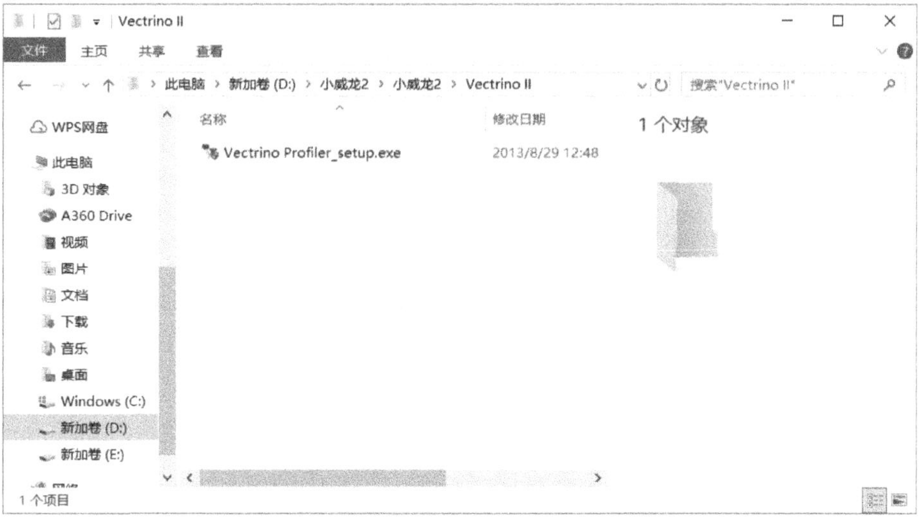

图 1.3-4　安装 Vectrino Profiler(小威龙)软件

(3) 根据提示逐步安装，桌面会自动创建一个软件快捷方式。

(4) USB 端口设置。

右击“我的电脑”，点击“属性”，打开设备管理器，选择端口设置，选择仪器连接的端口，调整参数，波特率取显示的“9600”不需要改变，应用程序将自动将 USB 串口和仪器的波特率设置为连接菜单中所请求的波特率，不需要在驱动程序中进行修改。然后点击“Advanced”，将“latency time”调整为 5 ms，否则在较高采样率下，数据显示刷新将变得不稳定。

操作步骤简写如下：

(1) 连接好仪器，插上电源，连接电脑。

(2) 启动 Vectrino Profiler 软件。

(3) 点击 Communication，点击 Connect，Vectrino Profiler。

(4) 选择合适的端口，并将端口延迟设置为 5(在电脑设备管理器的端口设置里面)，选择合适的波特率。

(5) 点击“Apply”与仪器进行连接，就可以进行数据采集。

3　软件使用

双击桌面上的“Vectrino Profiler”，打开软件，进入软件主界面，然后点击“Communication”，“Connect”，选择“Vectrino Profiler”，选择连接的端口，端口速度，然后点击“Apply”，端口速度推荐选择“937500”。

3.1 菜单说明

软件主界面中各菜单功能如下：

File：菜单；

Read Configuration：读取一个已有的配置文件；

Save Configuration：保存当前仪器配置文件(.nts 文件)；

Save Configuration As：将仪器配置另存为一个可以自己命名的.nts 文件；

Print Configuration：打印出当前连接的所有仪器的配置文件；

Set Default Data Directory：设置默认数据保存目录，软件初始默认保存到 C:\NortekData；

Exit：退出软件；

Project：该菜单让用户输入文本信息(项目标题、位置和总体描述)，将会与随后采集的数据一同保存到数据文件中；

Connect：选择 Vectrino Profiler，连接仪器，可以同时连接多个仪器。选择合适的端口、端口速度，端口延迟不用改。点击"Apply"，将会从选择的波特率开始搜寻，自动找到合适的端口速度，并更新端口速度，如图 1.3-5 所示；

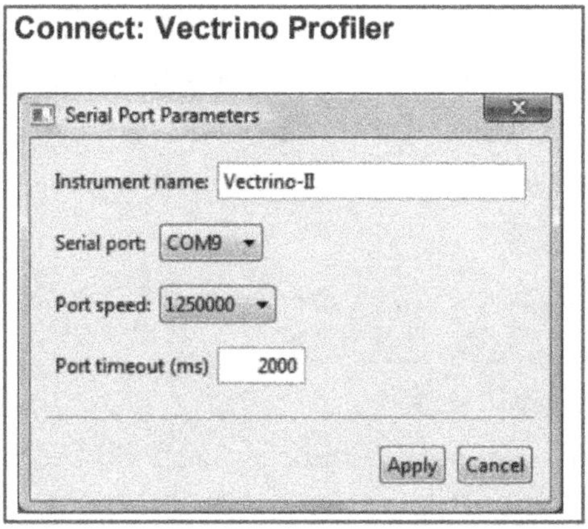

图 1.3-5　端口选择

Create Instrument Group：创建多个仪器群，同时操控，使用相同的配置文件；

Disconnect All：断开软件与各个仪器的连接；

Data：将二进制文件转化为其他格式的文件输出；

Export Matlab：可以创建 Matlab 直接读取的.mat 文件，其中有两个结构数组(data 和 config)，两个结构数组都包含提供描述结构内容的注释和单元；

Export Ascii：将会创建 Ascii 文件，可以被其他软件读取(比如 Excel)，会创建两个文件，其中.hdr 文件包含配置信息，.dat 文件包含数据信息；

Quick Guide：关于仪器使用的简要介绍；

Manual：关于仪器使用的详细介绍；

SW Manual：软件使用介绍。

3.2　数据图像显示方式

：图像展示的布局设置按钮，取决于使用的仪器和选择的布局，有分量格式和结合格式两种，点击就会在两者间切换。分量格式占用 CPU 时间较少，结合格式同时刷新八张图像，占用较大。

1.23：文本框展示切换键，可点击选择是否带有文本信息展示面板；全局展示也会占用很多 CPU，尤其在采样率较高的情况下。

σ：点击打开或者关闭图像上统计数据的显示，统计数据是基于图像所示的数据。对于剖面图，统计数据是基于剖面的范围计算的，对于时间序列图，统计数据根据显示的时间长度计算的。

：点击将会有下拉子菜单做选择。

Enable Time Series：打开或关闭时间序列图像生成；

Configure Time Series：时间序列配置，配置时间跨度，如图 1.3-6 所示，取样范围和实时显示的更新速度；

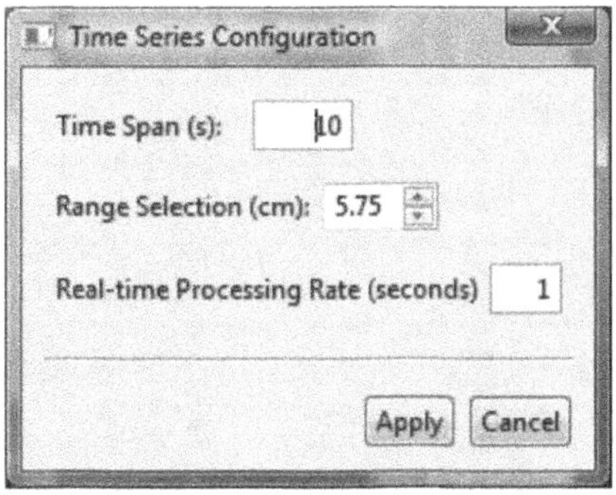

图 1.3-6　时间跨度配置

Time Span：显示时间序列数据的时间长度，启动时选择的初始时间跨度是根据仪器中设置的采样率进行缩放的；

Range Selection：用来选择在某一单元格上的时间序列图（在剖面图上是洋红色虚线），点击虚线选择某一剖面位置，将在时间序列图上显示该位置采集的时间序列图；

Real-time Processing Rate：图像实时显示更新的时间间隔；

Enable Imaging：通过图像的颜色来显示数据大小，旁边有调色板。将鼠标悬停在图像上某一点，将会显示位置和数据大小；

Enable Spectrum：创建实时频谱图，频谱图显示了每一个坐标（或者波束模式下的波束）及其对应时间序列的能量谱。除了显示处理后的数据，还显示了－5/3坡度的紊动参考线。频谱按时间序列配置菜单中配置的速率更新，频谱中的点的数目由采样率和时间跨度决定。在填满时间序列数据窗口后，才会产生第一个频谱。注意频谱计算不能与“enable imaging”结合使用；

Enable Histogram：将会创建实时的速度和相关度的频率直方图，可以让用户获悉数据的质量；

Vertical Tiling：垂直平铺，可以选择图像水平平铺或者垂直平铺；

Restore Default Settings：使用仪器的默认配置来展示图像；

Clear Default Settings：消除仪器的默认图像展示配置文件；

Plot Window Popup Menu：绘图窗口弹出菜单。

绘图窗口区域将弹出绘图窗口弹出菜单，见图 1.3-7 所示，可以进行一些特定的操作。可以将剖面图或者时间序列图进行保存或者打印。

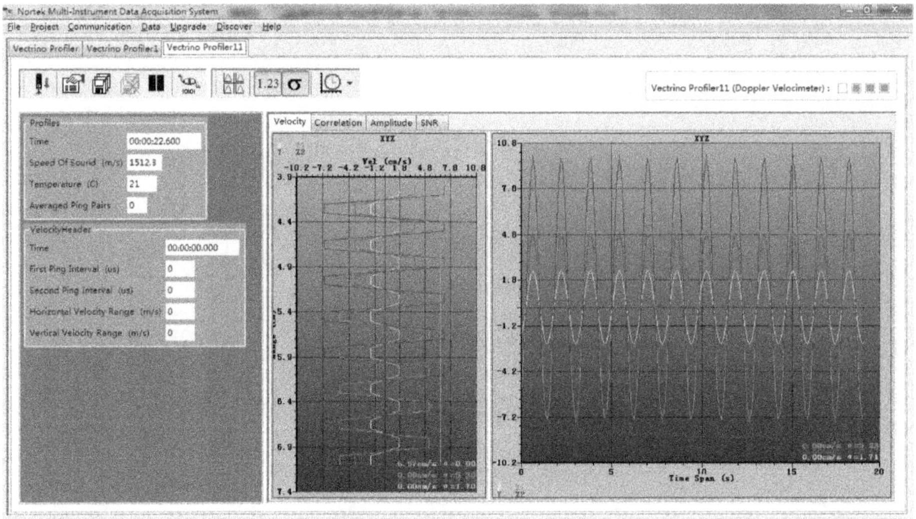

图 1.3-7　绘图窗口

数据采集：

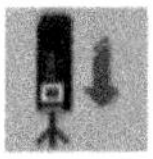：开始采集数据　：停止采集数据。

:重连按钮,将重置仪器和数据连接,当仪器出现故障或者通信问题时,按下此按钮即可恢复工作。

:数据保存按钮,用于将数据保存到磁盘,配置文件中设置的文件目录。可以在开始数据采集之前或者在采集期间启用该按钮。

:数据放弃保存按钮,点击该按钮,采集的数据将不会保存到磁盘中去。

:暂停按钮,用于停止数据显示的更新,暂停数据不会影响数据的采集和保存。

3.3　软件工作状态灯

(1) 第 1 个灯显示采集的状态,白色表明没有采集数据,蓝色表明数据采集开始,但没有保存到磁盘中去,绿色表明数据在采集中,且保存到了磁盘中。

(2) 第 2 个灯表示数据收集的状态,绿色表明没有错误,红色表示由于读取错误或者 CPU 过载而删除记录。将鼠标悬停在灯上,将显示所收集的记录的数量、数据采集的时间。

(3) 第 3 个灯显示与仪器连接的状态,绿色表明没有错误,将鼠标悬停在上面,将会显示串口的连接参数,点击重连按钮通常会解决错误。

(4) 第 4 个灯显示仪器所传输记录的状态,在支持它的仪器上,蓝色表示数据在传输到主机之前正在仪器内存中缓冲,这将会使得显示的数据出现延迟,记录在数据文件中的主机时间戳也会被偏移,因为这些时间戳取决于应用程序何时从仪器接收记录。如果数据采集持续到内存被填满,那么收集将自动终止,在停止收集之前,指示灯变为黄色,表示内存不足。见图 1.3-8。

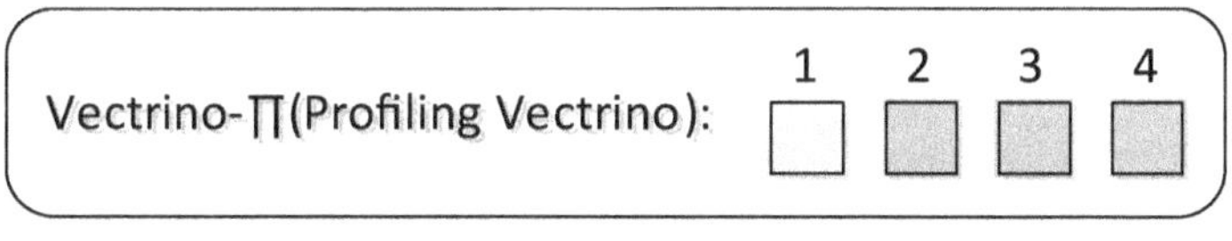

图 1.3-8　软件工作状态提示

3.4　Vectrino Profiler 文件配置

:点击配置小威龙,包括 Doppler,Bottom Check,File Parameters。

Doppler:用来配置速度采样参数;

Sampling Rate：决定了采集速度记录的频率，最大采样率 100 Hz；

Data Rate：显示了当前配置消耗的串口传输带宽。如果带宽超过了连接的速度，数据将在传输到 PC 之前在仪器内部缓冲，还显示了在填充内部内存之前发生缓冲的大致时间长度。当启用缓冲时，显示的数据将会滞后于正在进行的瞬时测量，这也将在滚动的时间序列显示中看到，因为数据记录不是以实时的速度交付的；

速度的范围和 Ping 的算法决定着获取想要的速度的 Ping 的时间参数。

Extended Velocity Active：所选速度范围是否对应双 PRF 运行；

Ping Algorithm：有三种算法可供选择；

最大间隔：产生尽可能长的 Ping 间隔，以达到期望的速度和取样范围，最适用于平稳流动条件；

最小间隔：产生尽可能小的 Ping 间隔，以达到采样范围，并至少达到所需的模糊度速度，适用于湍流的最佳方法；

自适应：收集一个长剖面，并检查返回声波，确定发生声音干扰的位置，然后计算 Ping 频率，达到期望的模糊速度和采样范围，同时最大限度地消除声干扰。每执行一种配置都会进行自适应 Ping 间隔选择，因此当波束返回信号发生变化时，所选择的 Ping 间隔可能会发生变化，最通用的选择；

Probe Check：点击开始采集后，产生一个振幅—距离的变化图，可以用来检验仪器是否正常运行。正常情况下，四个波束的形状应该大致相同。

对于剖面仪，测量区域从第一个 Cell 开始到最后一个 Cell 结束，每个 Cell 的长度可以设置。对于校准的 xyz 测量，支持的范围取决于探头类型，通常允许的范围是 30～40 mm。

Transmit Pulse Size：会随着单元大小的变化而变化，调整剖面分辨率的。可以在选完单元后，改变该参数；

Measure Speed of Sound：声速根据输入的盐度和测量的温度来决定；

坐标系设置：有两种坐标系，波束坐标系和 xyz 坐标系。通常采用 xyz 坐标系，如果遇到波束坐标系，需要将原始的波束坐标系转化为 xyz 坐标系；

Amplitudes in dB：如果选中，将会将线性振幅转化成对数坐标；

Bottom Check：以一定取样率来确定中心发射器到底部的距离；

Range Compensation：当底面和传感器之间存在高浓度的散射体时采用。（采用对数算法来弥补随着距离的声学信号的衰减）；

Gain Reduction：防止反射信号使得放大器饱和（在一些强反射表面），需要低于－10 dB，提高该参数可以回声降低；

Sample Rate：取样率，最大可以达到 10 Hz，且不能超过速度数据取样率的 1/3，因为两者采样信号是交错进行的；

Minimum Depth：开始进行底部确认的最小位置；

Cell Size：分辨率；

Maximum Depth：可以进行底部确认的最大距离，最大 35 cm。

4　常见问题与注意事项

小威龙在使用过程中的常见问题与注意事项：

(1) 确保传感器和取样体(距离传感器大概 5 cm)之间没有障碍。

(2) 声学传感器必须淹没在水中采集。对于侧视传感器，当只有较低的接收臂淹没时，可以接收二维的数据。

(3) 当主流向垂直于发射轴时采样质量最好，应当避免直接流向发射轴。

(4) 确保结构安装稳定，小的振动可能会产生较大的加速度，使数据失真。

(5) 实验过程中数据丢失，原因如下：CPU 过载或数据传输特性差(坏的嘈杂的布线或电缆的数据速率过高)。在这两种情况下，减少记录丢失的最有效方法是降低 CPU 的消耗，这样减少了噪声数据对数字信号传输的影响，也降低了电脑接收数据的速度(从而降低了 CPU 的消耗)。虽然 937500/1250000 允许以高速率实时显示大的剖面文件，但是这样容易出现 CPU 过载和数据传输错误。将速率降低到 460800/234375，将会更好地进行数据传输，但在采样率较高的情况下可能会导致数据缓冲(导致图形化显示和最新测量之间的时间延迟)。

第四节　ADV 型声学多普勒流速仪

1　系统概况

1.1　ADV 概述

MicroADV 声学多普勒剖面流速仪主要由三部分组成：量测探头、信号调理和信号处理。(如图 1.4-1 所示)量测探头由三个 10 MHz 的接收探头和一个发射探头组成，三个接收探头分布在发射探头轴线的周围，它们之间的夹角为 120°；接收探头与采样体的连线与发射探头轴线之间的夹角为 30°，采样体位于探头下方 5 cm 或 10 cm，这样可以基本上消除探头对流场的干扰。

工作原理是基于多普勒效应的理论，在三个维度上测量水的速度，设备从发射探头以固定频率发出一束声波，这些波被水中移动的颗粒物反射而来，三个接收探头“听到”反射波的频率变化，然后计算水在 x，y 和 z 方向上的速度。

MicroADV 因其操作简便，体积小，精度高，已广泛应用于室内水力模型实验，测量平均流速，边界层流速，紊流(雷诺应力)及波浪谱，成为水力及海洋实验室的标准流速测量仪器，主要应用于实验室平均流速、边界层流速、紊流(雷诺应力)和波浪谱测量。小于 0.09 cm^3 的采样体积和高达 50 Hz 的采样频率对低流速和紊流研究来说是一件理想的实验室测流仪器。

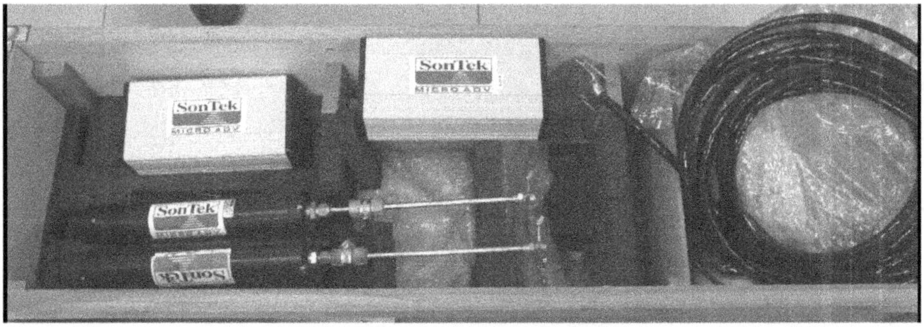

图 1.4-1　声学多普勒剖面流速仪

1.2　设备基本情况

(1) 设备型号：10 MHz。

(2) 设备硬件组成：含主机、测杆(向上和向下)、测杆连接线、通讯线和电源线。

（3）技术指标。

声学频率：16 MHz；

采样频率：0.1～50 Hz；

采样体积：0.09 cm^3；

采样点距探头距离：5 cm；

流速范围：3 cm/s、10 cm/s、30 cm/s、100 cm/s、250 cm/s；

分辨率：0.01 cm/s。

2　系统安装

2.1　硬件安装

Micro ADV 硬件连接很简单，将图 1.4-2 中的各条线连接电脑、仪器和主机，即将测杆连接线、通讯线、电源线连接到主机（黄色盒子），通讯线另一端连接电脑。

注意：不要磕碰探头的"爪子"，以免损伤探头；测试需要水中环境。

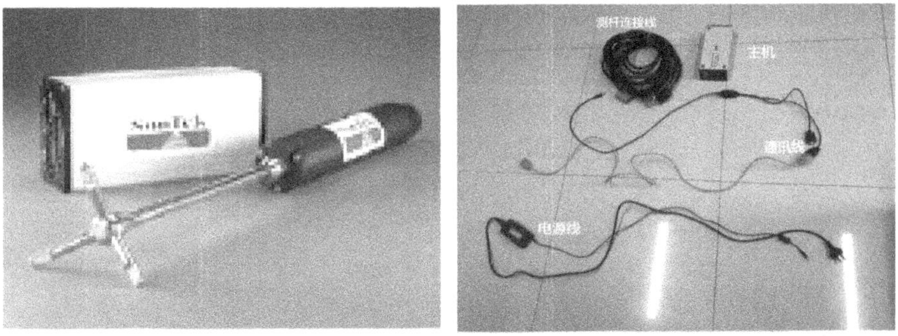

图 1.4-2　Micro ADV 硬件配置

2.2　软件运行环境

软件名称 HorizonADV，安装位置，必须安装在系统盘，如 C 盘。

电脑系统要求：CPU1G、RAM 256 M、500 M 硬盘空间；操作系统要求：微软公司 Windows 2000/XP/Vista/Window7 的 32 位及以下操作系统。如电脑配置较低，可能在高速测量时导致数据丢失。

力特 USB 串口线需要安装力特驱动。

2.3　软件安装

2.3.1　软件安装步骤

ADV 硬件连接完成后，开始安装软件，安装步骤如下：

(1) 打开安装文件夹“sontek ADV F cd”。

(2) 运行“力特驱动”文件夹中的 setup. exe 应用程序。

(3) 运行“HorizonADV”文件夹中的 HorizonADV. exe 应用程序。

安装软件后，有 2 个软件，SonUnlist 和 Horizon，SonUnlist 用于仪器检测(用于所有 SonTek 仪器)，用该软件对仪器进行检测，看仪器是否正常。Horizon 用于实验，获取测量数据及数据回放。

2.3.2 SonUnlist 检测软件

SonUnlist 是检测软件，该软件用于检测仪器，并非必需要用(图 1.4-3)。且 Horizon 也有检测仪器功能，操作步骤：

打开 SonUnlist，在软件面板上进行如下操作。

(1) 选择正确的 COM 口，连接上后，可能出现乱码，按 Break 键或 Alt+B，停止其先前工作状态。

(2) 选择 File/Open logfile 菜单，打开记录文件，记录仪器相关状态，备用。

(3) 在面板上，按 Set Time，将电脑时间同步给仪器。

(4) 在面板上，按 Show System、Show Setup，显示系统及设置信息。

(5) 在最下面，命令行，输入：OF ASCII，将输出格式改为文本，系统默认是二进制，不改会出现乱码。

(6) 在最下面，命令行，输入 Sensor，查看传感器状态。

(7) 按 Beam Check，可以检查三维流速探头信号状态。

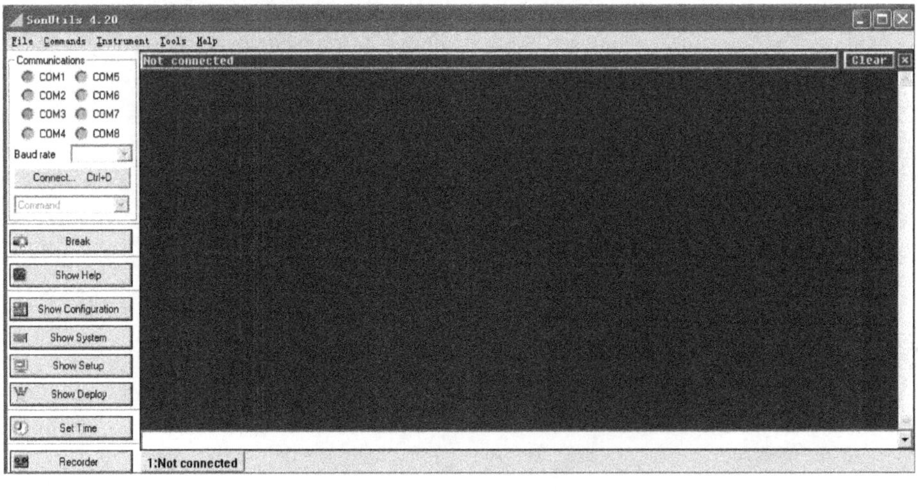

图 1.4-3 SonUnlist 检测软件功能界面

在数据收集的开始和结束时都运行 Beam Check 是一个好习惯，可以帮助找到可能出现的任何问题。

通过单击“开始”按钮收集 Beam Check 诊断数据，通过单击“记录”按钮保存文件。如图 1. 4-4 所示。

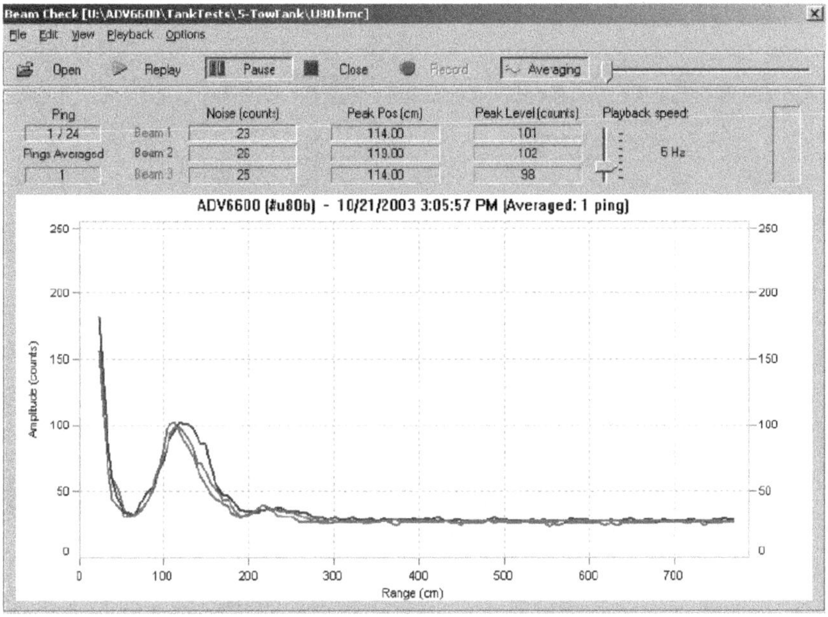

图 1. 4-4　收集 Beam Check 诊断数据

2. 3. 3　Horizon 软件

Horizon 软件用于数据测量及回放。Horizon 启动开始界面，如图 1. 4-5 所示，从上到下有 4 个选项，分别是“连接仪器”“打开数据文件”“帮助文档”和“软件升级”。

Horizon 软件的测试操作过程如下：

(1) 水中环境测试，放入水中固定传感器。

(2) 将图“ADV 数据线"中的各条线连接电脑、仪器和采集器。

(3) 打开采集器开关，打开软件。

(4) 选“图 1. 4-5”中的自动端口“Connect to ADV automatically”；手动连接到 ADV 选项，输入串口和波特率(数据传输速度)，这将显示“连接到串行端口”对话框(如图 1. 4-6 所示)。默认设置为“19200”的“COM1”。

(5)点击图 1. 4-5 中的 Check，检查仪器测值。

注意：如果系统无法打开端口或在连接或数据收集阶段连接到系统，请检查您的电缆和通讯设置，然后再试一次。

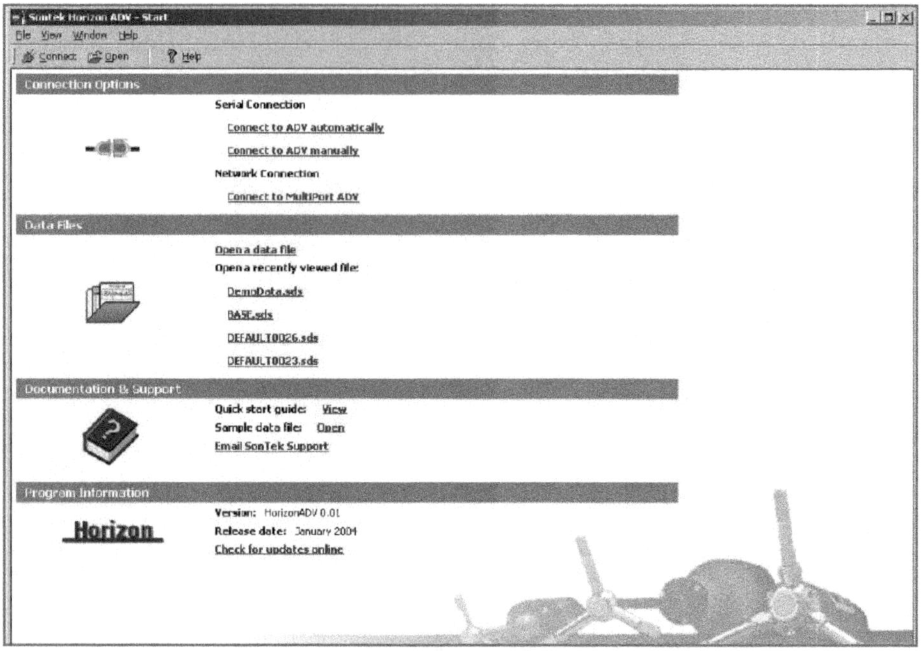

图 1.4-5　Horizon 软件功能界面 1

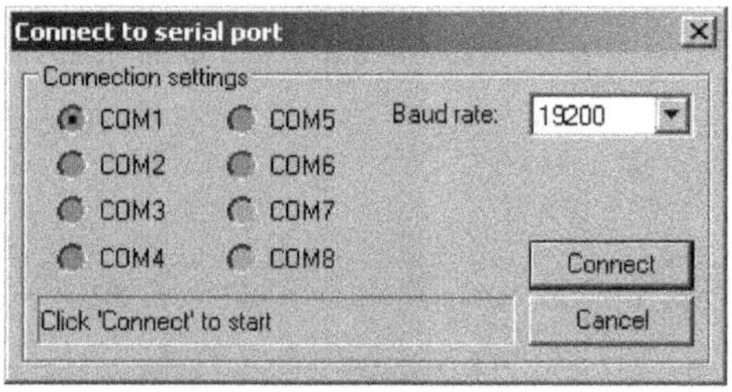

图 1.4-6　串行端口设置

将 MicroADV 与电脑连接好后，选择“Connect to ADV automatically”，将出现图 1.4-7 所示的界面，即数据采集界面，该界面有 5 个菜单，分别介绍如下：

(1) Disconnect 断开仪器与电脑的连接。

(2) System Information 系统信息，包括 Load probe configuration（调入传感器配置文件）、Check ADV Beams（检查传感器波束）、Load druck calibrations（调入集成外部传感器校准文件，MicroADV 没有外部传感器）。

注意：仪器第一次使用时，需要传感器的配置文件，配置文件在随机附带的软盘中，以后不用重复此步骤。选择 Load，选择标定文件路径，即可。

(3) System Setting 系统设置，可以设定：最大流速范围、取样模式、水中声

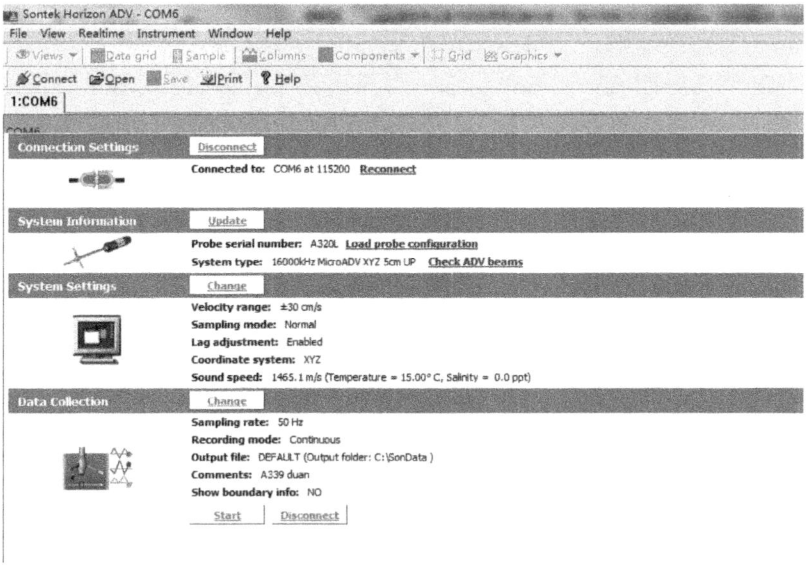

图 1.4-7 Horizon 软件功能界面 2

速等。

(4) Data Collection 数据采集,可以设定:取样频率、存贮模式、文件输出路径等。

(5) 点击"Start"开始,进入数据采集界面。

"Start"开始后,进入数据采集界面,如图 1.4-8 所示,可以看到适时数据。按下"Record"后,即开始记录数据,直到再次按下"Record",停止记录数据。

注意:按下"Pause"键后,数据显示停止更新,但还是在记录数据。

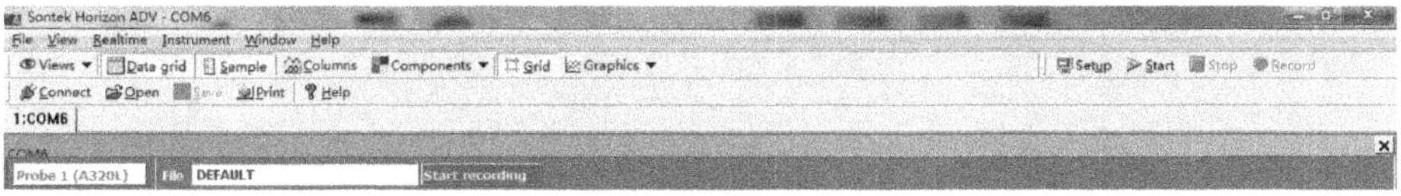

图 1.4-8 ADV 数据采集

1. 图形区

图形区显示一个或多个随着时间而改变的变量时间序列。最多一次可以同时显示五个图表,通过点击工具栏上的"图形"按钮,或者通过菜单栏,选择"查看"菜单的下拉菜单"图形(Show Graphics)"来实现。每个图表有如下几个特性,用户可以自己定制。

A. 左击图形区——可以放大数据图线;

B. 左击并且拖拽——可以选择"放大"图线上感兴趣的特定区域;

C. 右击图形——可以缩小全部范围内的数据；

D. 双击垂直坐标轴——可以更改坐标轴的刻度比例；

E. 右击垂直坐标轴——可以显示一个弹出菜单，用以修改图线的设置/格式，改变显示参数，或者隐藏图线（图 1. 4-9 显示的菜单）；

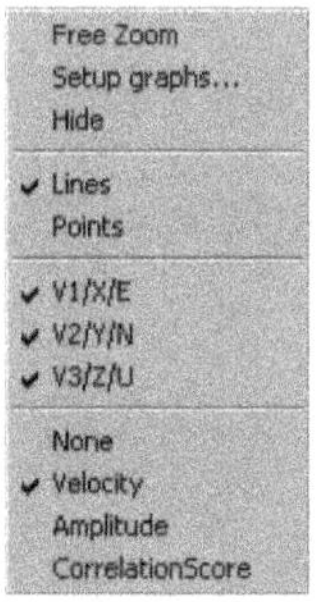

图 1. 4-9　图线设置

F. 右击水平坐标轴——可以选择一个变量，显示和当前相反的参数。也可以用于显示两个参数之间的相互关系。但是，这个功能在数据采集过程中是不能使用的。

2. 数据表格

数据表格（如图 1. 4-10 所示）显示了输入电子数据格式表中的所有数据。每一次采样样本显示在行中，样本的参数则显示在列中。被选中的样本将会在表格中被高亮显示。数据表格可以通过点击工具栏上的“数据表格（Data Grid）”按钮被显示或者隐藏。

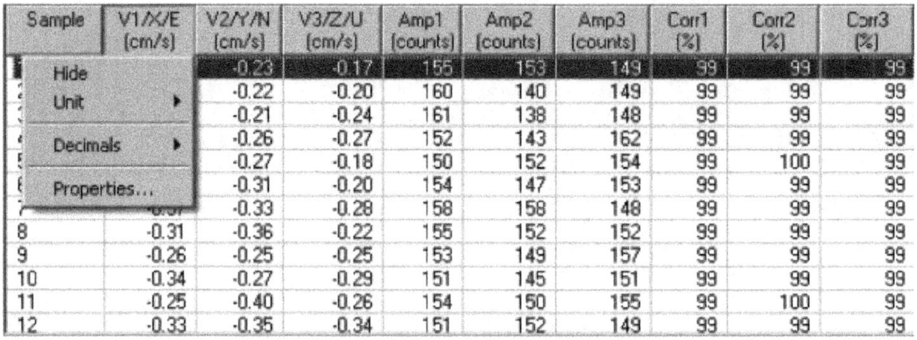

Sample	V1/X/E (cm/s)	V2/Y/N (cm/s)	V3/Z/U (cm/s)	Amp1 (counts)	Amp2 (counts)	Amp3 (counts)	Corr1 (%)	Corr2 (%)	Corr3 (%)
1	[illegible]	-0.23	-0.17	155	153	149	99	99	99
2	[illegible]	-0.22	-0.20	160	140	149	99	99	99
3	[illegible]	-0.21	-0.24	161	138	148	99	99	99
4	[illegible]	-0.26	-0.27	152	143	162	99	99	99
5	[illegible]	-0.27	-0.18	150	152	154	99	100	99
6	[illegible]	-0.31	-0.20	154	147	153	99	99	99
7	[illegible]	-0.33	-0.28	158	158	148	99	99	99
8	-0.31	-0.36	-0.22	155	152	152	99	99	99
9	-0.26	-0.25	-0.25	153	149	157	99	99	99
10	-0.34	-0.27	-0.29	151	145	151	99	99	99
11	-0.25	-0.40	-0.26	154	150	155	99	100	99
12	-0.33	-0.35	-0.34	151	152	149	99	99	99

图 1. 4-10　数据表格

左击一个指定的参数可以改变它的状态，显示特性或者表示单位，右击各列的标题可以选择显示在格式中的变量。

3. 工具调色板

工具调色板显示样本信息(流速或者选择的样本的数值)和实时工具。工具调色板默认值是可视的,并且可以通过选择“查看”菜单的下拉菜单“显示工具调色板”,将它显示或隐藏。

4. 数据列表

每个参数都可以被看成是在数据格中的一个单独列表。每个列表(或者参数)都有时间、单元和比例范围的单独设置。这些设置影响每个参数在程序中的显示方式(列表到数据格和数据显示)。可以通过点击工具栏上的“列表(Columns)”按钮显示列表设置。如图 1.4-11 所示。

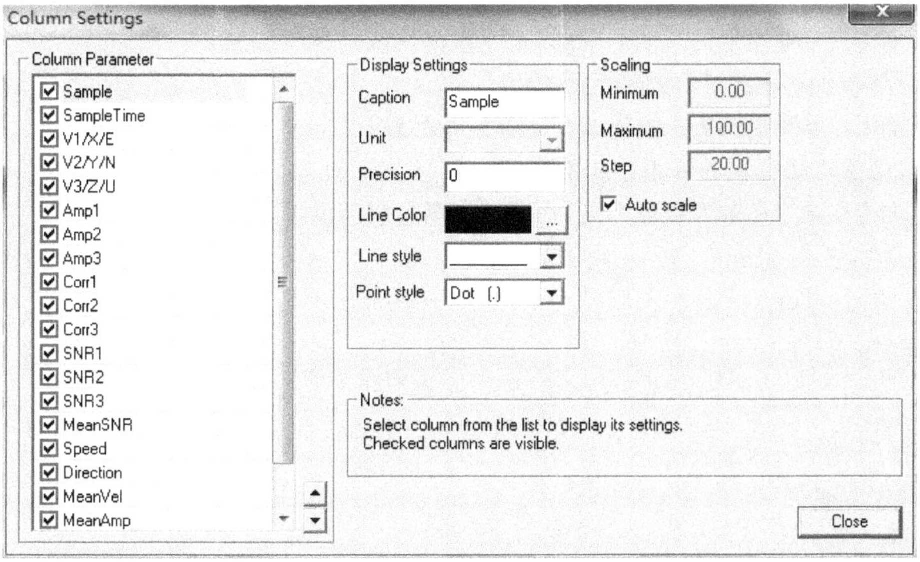

图 1.4-11 数据列表设置

3 数据格式转换

数据文件(默认情况下)存储在 C:\SonData 文件夹中。单击“开始”屏幕上的“打开数据文件”或工具栏上的“打开”按钮。“打开 ADV 文件”对话框,要求选择 .adv或. sds(SonTek 数据会话)数据文件,ADV 数据文件包含原始(未处理)数据。

原始数据格式是□. adv,用 Horizon 软件打开后,将自动转换成□. sds 格式。两者中任意一种格式,用 Horizon 打开后,可以用“DATA\Export”菜单输出 Ascii 格式,用 Excel 打开。另外,在“Data Grid”格式下,也可以直接把表格中的数据复制到 Excel。

4 统计与分析

在软件分析界面，工具栏右上角，有“Statistics”和“Analysis”图标，可以显示简单的统计与分析信息。

5 常见问题与注意事项

5.1 常见问题

硬件和环境常见问题典型示例如下：

问题1：ADV 三个波束(接收探头)均无信号或图表空白。

原因：有可能是信号调节问题，未连接模块或高频电缆损坏。

问题2：初始脉冲(峰值)后无响应。

原因：可能是探头未连接或变送器发生故障。

问题3：采样量的峰很小或不存在。

原因：可能是散射颗粒不足，水中的物质过于清澈导致的。

问题4：一束光束与另一束明显不同。

原因：可能是接收探头问题，两者应具有相似的响应和信号强度，建议清洁接收探头。

问题5：每个光束的采样粒子的水平位置不同。

原因：可能其中一个接收探头臂已弯曲。需要联系 SonTek 厂家进行维修。

5.2 注意事项

在收集 ADV 数据之前，应注意以下事项：

(1) 确保串行，电源和同步电缆(仅适用于 MultiPort 系统)在测量过程中已连接且未中断。

(2) 在数据收集过程中，必须将仪器安装固定。适用于没有内置罗盘的系统。

(3) 数据收集过程中必须将接收探头浸没，即 ADV 探头在水下工作。

(4) 采样水体必须无障碍，除了实验颗粒外，没有其他杂质。

(5) 理想情况下，接收探头应保持清洁(即无生物污垢)。

第二章　波高与波压力测量系统

第一节　DS30 型波高采集系统

1　系统概况

1.1　系统硬件

DS30 型波高采集系统(2017 系统和 2019 系统)是由计算机、多功能监测仪和波高仪组成的数据采集和数据处理系统(图 2.1-1)。

2017 系统采集箱有两套(5 号箱和 6 号箱),电脑系统仅支持 Windows 732 位及以下系统,5 号和 6 号采集箱对应的波高仪不能通用,在不做重新率定的前提下,5 号和 6 号采集箱只能使用该箱对应编号的浪高仪(如 5 号采集箱对应仪器编号为1-1号～1-32 号,6 号采集箱对应仪器编号为 2-1 号～2-32 号)。

2019 系统采集箱有两套(7 号箱和 8 号箱),电脑系统支持 64 位及以下系统,配套仪器通用。如 7 号采集箱通道编号 1 号～32 号,对应相应的仪器编号 1 号～32 号;7 号采集箱的通道编号 33 号～64 号可以连接 8 号采集箱的仪器,仪器编号为 1 号～32 号,即两个采集箱,仪器可以通用,注意不同采集箱通道号和浪高仪编号要对应。

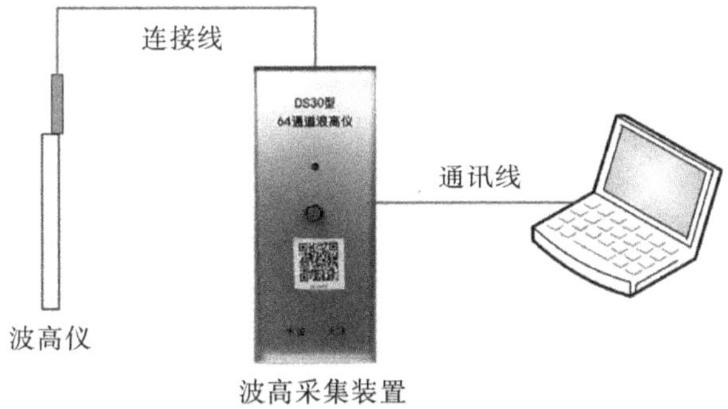

图 2.1-1　DS30 多功能监测系统

设备基本信息

(1) 设备型号:DS30。

(2) 设备硬件组成:采集箱、电源线(1 根)、通讯线(1 根)、浪高仪(50 cm)和浪高仪连接线。

(3) 指标指标:浪高仪测杆长度 0.5～0.6m,测量误差 0.3 mm,误差<2%(F·S),通道数为 64 通道。

1.2 系统软件

DS30 型波高采集系统的软件(2017 系统),电脑系统要求 Windows732 位及以下系统。全部软件由 5 个文件组成,图 2.1-2 所示,LangGao.exe 是系统运行程序。

图 2.1-2　DS30 型波高采集系统软件安装文件(2017 系统)

软件安装时,仪器的电源先不要打开,把 USB 接口线的一端插入仪器的端口,另一端插入计算机,系统自动弹出硬件安装向导,选择“从列表或指定位置安装(高级)”,位置就是:\inf 文件夹。安装完成后,在设备管理器栏目里可以看到 Art USB2817D 64CH & 8CH Di Do Board(V2.0)。

DS30 型波高采集系统的软件(2019 系统),电脑系统支持 Windows764 位、32 位及以下系统。全部软件由 6 个文件组成,图 2.1-3 所示,DianYaLi.exe 是系统运行程序。

图 2.1-3　DS30 型波高采集系统软件安装文件(2019 系统)

2019 系统对应软件安装时，要注意查看电脑是 32 位系统还是 64 位系统。

32 位电脑系统可以直接接入浪高仪和 USB 电缆到计算机，此时计算机会提示发现新硬件，导入图 2.1-3 所示文件夹“驱动程序”即可完成驱动安装。

64 位电脑系统驱动安装时，首先确保采集仪的 USB 电缆没有连接到计算机，打开安装目录，点击运行 setup 程序，系统会安装驱动到计算机，重新启动系统，查看计算机设备管理器，显示硬件信息。

2　系统操作

2.1　软件安装

DS30 型波高采集系统软件操作，以 Windows732 系统为例，打开安装文件所在的文件夹，双击执行应用程序，不需要安装，即可进入采集软件主界面，如图 2.1-4 所示。

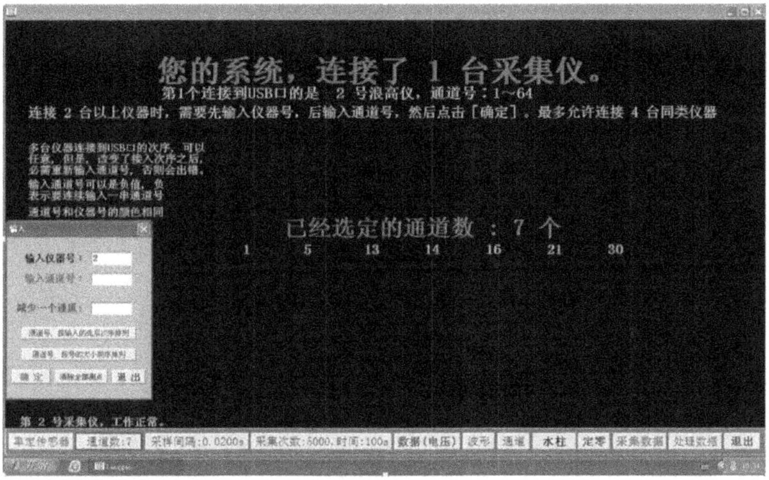

图 2.1-4　DS30 型波高采集系统主界面

2.2　波高测量操作步骤

2.2.1　率定传感器

率定传感器的目的在于确定传感器淹没深度和电压信号之间的关系。

1. 率定前的准备工作

波高仪的率定通常使用专门的水箱装置，水箱上部支架用于安装待率定波高仪，水箱底部有两套分别用于加水和放水的阀门和水管，用以调节水箱内水位。具体率定时可以通过加水或放水改变水箱水面位移，也可通过调节波高仪高度改变其相对水面位移，记录波高仪测得结果并与真实结果比较，建立率定关系。值得注意的是，波高仪的率定通常针对特定的采集通道，因此波高仪的编号通常按其率定时所选取的采集通道号编号，并做详细记录。

标准水尺的精度是 0.1 mm，电子读数。注意水位测针的用法，对测量结果有一定的影响。

2. 打开软件

开始率定前，检查每根传感器是否正常工作，剔除有问题的传感器。点击图 2.1-4 所示软件左下角的“率定传感器”按钮，开始率定。如图 2.1-5 所示。

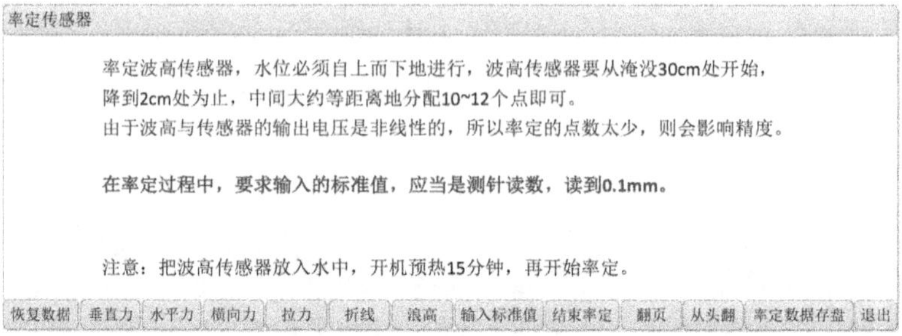

图 2.1-5　率定传感器

传感器率定原理：对于每 1 个水位 y，浪高仪都会采集到 1 个电信号 x，通过调节水箱内的水位(例如，量程 50 cm 的传感器，水位从上至下分为 9 段，每段 3～4 cm)，分别得到 n 组(x, y)，最终利用差值拟合得到实际水位和电信号之间的对应关系。需要注意的是，率定过程中一般要避开传感器顶部和底部 3 cm 范围。见图 2.1-6。

图 2.1-6　率定过程-1

每次调节好水箱水位后，待水面稳定，利用标准水尺读数，点击“输入标准值”弹出输入对话框，输入标准读数后点击“确定”，在软件右下方则会显示一条记录，“第 n 次采样的标准值…”，如图 2.1-7 所示。需要注意的是，一次输入错误的话，无法进行修改，需要重新率定。率定的次数一般为 9～11 次，理论上只要线性关系较好，仅需要率定 2 个点即可。

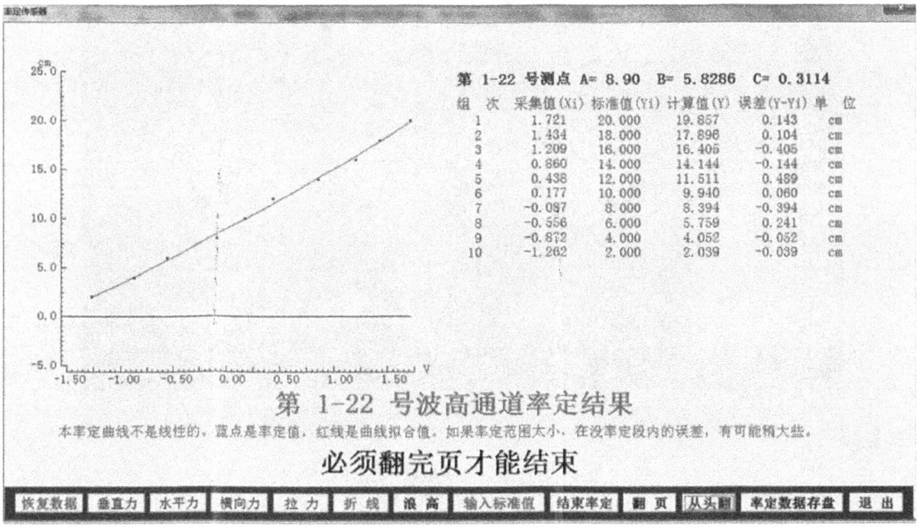

图 2.1-7　率定过程-2

率定过程中，输入足够点后，用户可点击“结束率定”按钮，则软件显示率定结束。每一页显示一根浪高仪的率定结果，点击翻页可翻看其他浪高仪的数据。如图 2.1-8 所示。

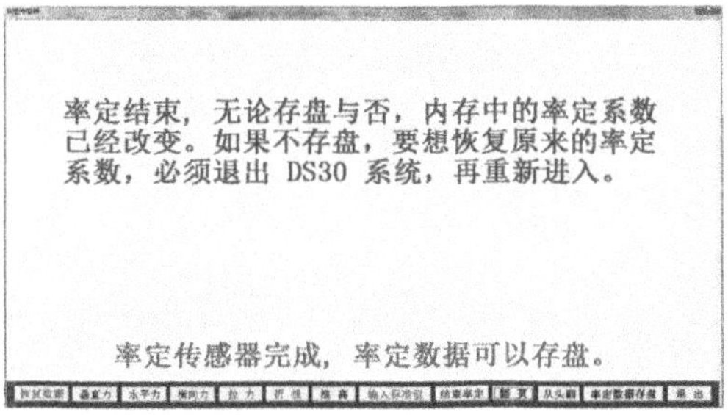

图 2.1-8　率定过程-3

如果对率定结果不满意，可检查各部件，无误后重新率定。如果满意，点击“率定数据存盘”，则率定数据保存在文件中。需要注意的是，率定结束后应备份率定数据（软件文件夹中的相关文件）。

2.2.2 通道设置

在图 2.1-9 中选择“通道数”,输入通道号(采集箱侧面连接仪器的通道编号)和仪器号(如 2 号,为采集箱的编号),点击“确定”。如图 2.1-9 所示。

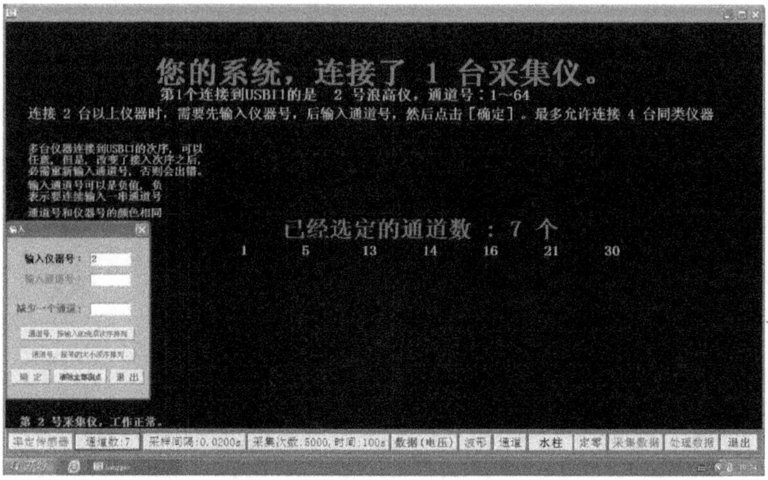

图 2.1-9 通道设置

2.2.3 采样间隔

采样间隔不大于 0.02 秒,一般采用 0.02 秒,如图 2.1-10 所示。

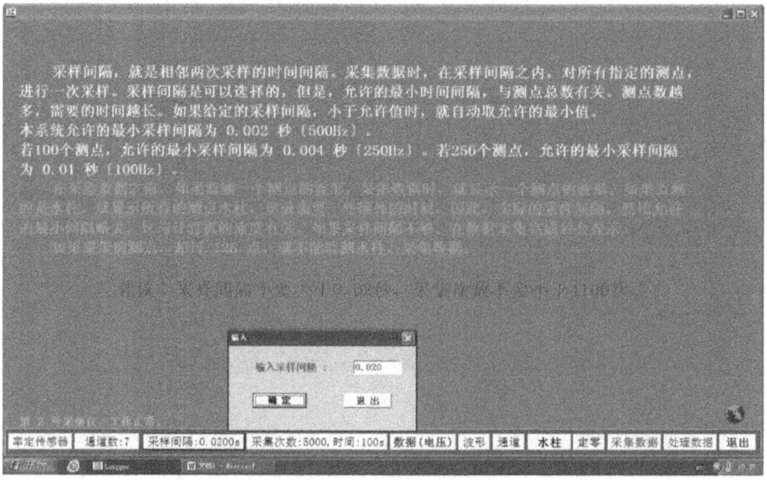

图 2.1-10 采样间隔

2.2.4　采集次数

采集次数与采集时间有关，采集次数×采样间隔＝采集时间，如果采集 100 秒，采样间隔为 0.02 秒，则得到采样次数为 5 000 次，系统要求采集次数大于4 100 次，如图 2.1-11 所示。

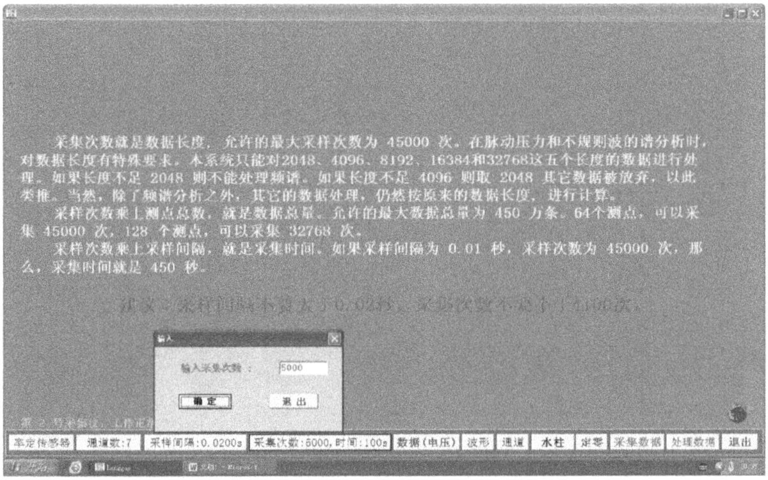

图 2.1-11　采集次数

2.2.5　定零

全部通道定零，作用是取零水位线，如图 2.1-12 所示。

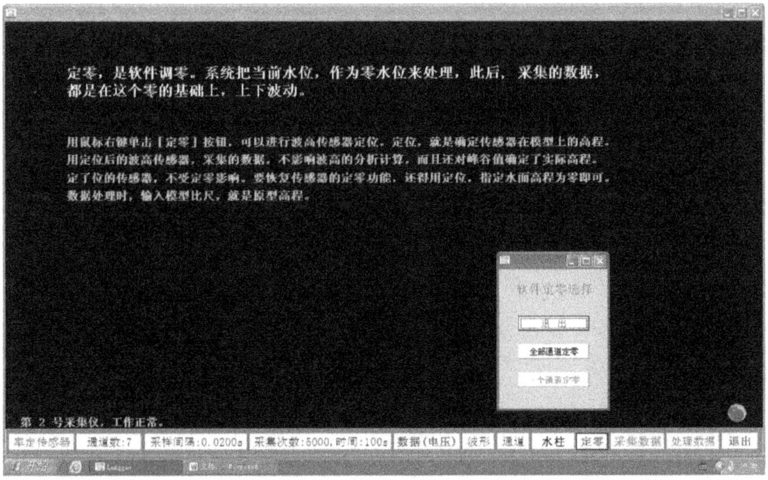

图 2.1-12　定零

2.2.6 采集数据

采集完成后，输入文件名，如 gh17-1-1，即港航 17_1 班 1 组，选择存储目录，如 D 盘根目录，如图 2.1-13 所示。

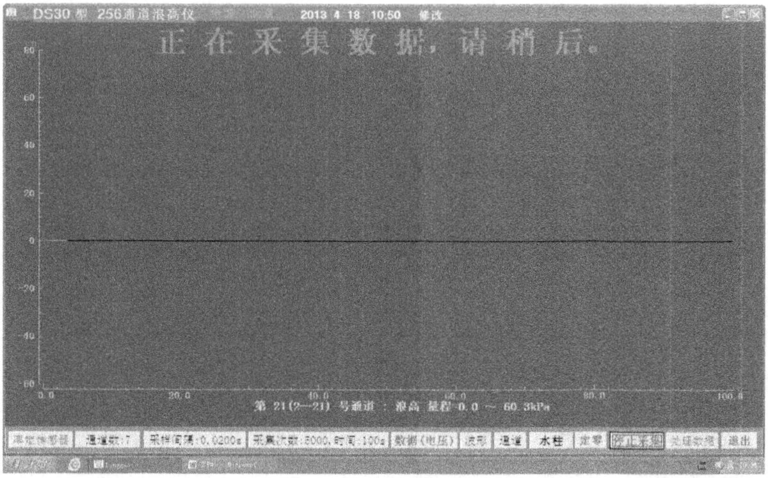

图 2.1-13　采集数据

2.2.7 数据处理

数据处理界面如图 2.1-14 所示，软件界面右侧有丰富的数据处理控件，界面左侧主显示区为波高仪采集数据的过程线图。本操作指南仅对常用控件进行如下介绍。

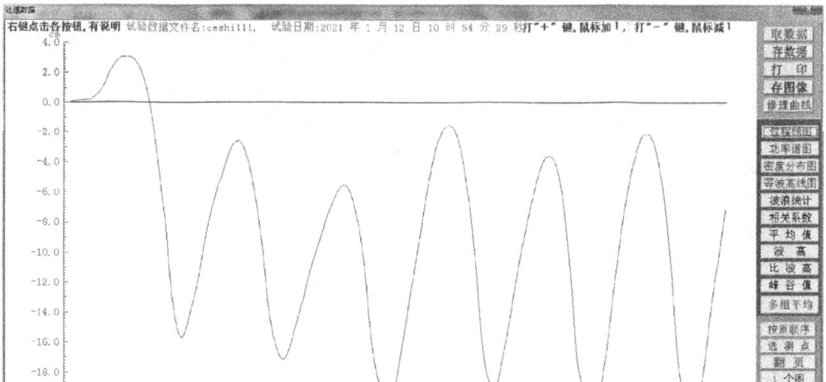

图 2.1-14　数据处理界面过程线查看

1. 过程线图

在过程线图上，灰色的水平线是定零线，紫红色的水平线是数据平均线；

在过程线图上，点击鼠标左键，鼠标不移动，将显示鼠标点击处的各测点数据；

选取部分图形重画，可以用鼠标在屏幕上按下鼠标左键，拖动鼠标向右下方移动；

选定要重画的图形范围后，抬起鼠标左键，重新画阴影中的部分图形，可以选择 1 个测点或多个测点重画；

在过程线图上，可以修改某一点的数据。先用鼠标或键盘“－”或键盘“＋”，找到要修改的数据，然后再按键盘“×”，就可以修改这点数据。

2. 波高

波高的计算方法：计算每一个测点的平均水位，水面上下波动时，相邻两次由下而上的跨越平均水位，为一个波，波峰在前，波谷在后。波峰到波谷差值为波高，相邻两个上跨点的时间差是这个波高的周期。把一个测点的所有波高按从大到小排列，取波列前 1/3 个波高值进行平均，即为波高三分之一大值。波高和周期是对应的，以此类推，计算出十分之一大值和百分之一大值。当然，也可以采用下跨零点计算。

为了减少噪声干扰，在平均水位上，加减一个 dH 值，作为限制，小于 2 dH 的波高不要。这个值是可以选择的，默认模型值：波高 dH＝0.0 cm，压力 dH＝0.00 kPa，显示在屏幕的左下角。用鼠标点击这个黄底红字，就可以改变它的大小，可以连续点击，得到你需要的值。当点击“波高”按钮时，恢复默认值。

平均水位不一定是软件定零时的零水位，如果要用零水位计算波高，可以用鼠标，点击屏幕右下角的黄底红字来选择，默认值是平均值。

3. 比波高

计算比波高时，需要给出标准波测点。标准波测点可以是一个，也可以是多个。如果采样时间比较长，标准波形发生畸变的话，可以用截断方法，把畸变部分去掉。截断的那部分数据，不参加数据处理。

4. 峰谷值

波峰和波谷的计算方法：计算一个测点的平均水位，水面上下波动，相邻两次等于零或小于零时，其间的最大值为波峰。反之，相邻两次等于零或大于零时，其间的最小值为波谷。

把一个测点的所有波峰按从大到小排列，取波列前 1/3 个波峰值进行平均，就是波峰三分之一大值，以此类推，计算出十分之一大值、百分之一大值等。

为了减少噪声干扰，在平均水位上，加减一个 dH 值，作为限制，小于 dH 的波峰和波谷不要，这个值是可以选择的。默认模型值：波高 dH＝0.2 cm，压力 dH＝0.03 kPa。显示在屏幕的左下角。用鼠标点击这个黄底红字，就可以改变它的大小，可以连续点击，得到需要的值。当点击“峰谷值”按钮时，恢复默认值。

平均水位不一定是软件定零时的零水位，如果要用零水位计算波高，可以用鼠标，点击屏幕右下角的黄底红字来选择，默认值是平均值。

5. 选测点

如果想把几个测点画在一张图上或列入一张表里，可用此按钮选择需要的测点。没被选择的测点，就不参加数据处理。

6. 3个图

屏幕上画图的个数，是可以选择的。单排图最多6个，双排图最多12个，打印图的个数最多32个。

2.2.8 生成的数据文件格式

生成的数据文件，如 t1.2h0.02.txt 文件所示，文件名为周期(t1.2)+波高(h0.02)，文件中的数据格式如图1.2-15所示。

第1行：测点总数(P=7)、采集次数(N=10 000)、采样间隔(t=0.02)、年(0)、月(11)、日(27)、时(15)、分(54)、秒(42)、毫秒(1)；

第2行：测点号(1、5、13、14、16、21、30)，共 P 列；

第3行：时间为零的采样数据，共 P 列，对应其测点号；

第4～N+1行：时间为 t 的采样数据，共 P 列，对应其测点号；

第 N+2行：第 N 次的采样数据，共 P 列，对应其测点号；

第 N+3行：传感器属性，3是浪高；

第 N+4行：传感器属性，2是波压力。

```
t1.2h0.02.TXT - 记事本
文件(F)  编辑(E)  格式(O)  查看(V)  帮助(H)
   7  10000 0.020001      0  11  27  15  54  42   1
         1          5         13         14         16         21         30
   -0.0226     0.0251    -0.0034    -0.0374     0.0279    -0.0612    -0.0097
   -0.0236     0.0017    -0.0102    -0.0248     0.0279    -0.0535     0.0098
   -0.0382     0.0289     0.0122    -0.0161    -0.0027    -0.0718    -0.0068
   -0.0401     0.0289     0.0277    -0.0161     0.0072    -0.0689    -0.0097
   -0.0401     0.0387     0.0383    -0.0103    -0.0097    -0.0853     0.0000

    0.1289    -0.0586    -0.0005    -0.0007     0.0141    -0.0255     0.0574
    0.1668    -0.0722     0.0422    -0.0277     0.0289    -0.0622     0.0963
    0.1931    -0.1014     0.0655    -0.0615     0.0576    -0.0930     0.1002
         3          3          3          3          3          3          3
         2          2          2          2          2          2          2
```

图2.1-15 TXT数据文件格式

3 常见问题与注意事项

3.1 常见问题

1. USB驱动安装不成功

解决方法：软件安装时，仪器的电源先不要打开，把USB接口线的一端插入仪器的端口，另一端插入计算机，系统自动弹出硬件安装向导，选择“从列表或指定位置安装(高级)”，位置就是：\inf文件夹。安装完成后，在设备管理器栏目里可以看到Art USB2817D 64CH & 8CH Di Do Board(V2.0)。

也就是，将采集箱与计算机用配备的USB线连接，在采集箱不开机的状态下安装USB2.0程序。

2. 波高仪测量数据无变化

解决方法：A. 检查仪器编号与采集箱通道号是否一致。如5号采集箱1号～32号通道连接配套波高仪1号～32号编号，如果采集箱连接的是33号～64号通道，则对应的仪器编号为6号采集箱的2号～32号波高仪；

B. 检查采集箱开关是否打开。

3.2 注意事项

在通道设置时，图2.1-11所示界面中，“输入仪器号”为对应采集箱的编号。采集箱的编号可从图2.1-11所示界面查到，第一行“您的系统，连接了1台采集仪”，第二行“第1个连接到USB接口的是2号浪高仪，通道号1～64号”，得知“输入仪器号”为“2”。

第二节　DJ800 型多功能监测系统

1　系统概况

DJ800 型多功能监测系统是由计算机、多功能监测仪、电容式波高仪、压力传感器等组成的数据采集和数据处理系统（图 2.2-1）。它能对多种物理量的数据，进行准同步采集，例如波高、点脉动压力、总力等。传感器的率定系数，按照通道号存储在处理软件中，所以使用传感器时，采集箱的通道号与仪器编号要对应。如果编号不一致，传感器的率定系数则需要重新率定。

电容式波高仪是由电容丝（传感器）、支架及检测电容的电路组成。电容丝插入水中时，中心的金属导线为一个电极，水体经支架形成另一电极，构成电容器。其电容量取决于电容丝浸没于水下部分的长度、导线直径、绝缘层厚度及其介电常数，主要用于浪高测量和动态水位测量。

压力传感器为硅压阻式差压传感器，主要用于波压力和脉动压力测量。

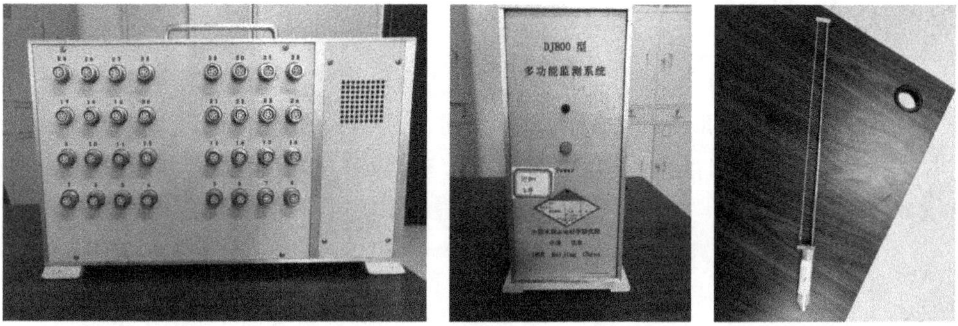

图 2.2-1　DJ800 型多功能监测系统

设备基本信息及主要配件

（1）设备型号：DJ800。

（2）设备主要配置：可同时测量波高和波压力。

波高测量：采集箱、电源线、通讯线、浪高仪和浪高仪连接线；

波压力测量：采集箱、电源线、通讯线、压力传感器（红线，对应 2＃箱仪器 57～64＃；蓝线对应 4＃箱）。

（3）指标参数。

①点压力传感器

量程：10 kPa、30 kPa，精度：0.5％（F・S）

频率响应：不小于 1 000 Hz

②总力传感器

量程：500 N，精度：0. 5%(F·S)

③浪高水位传感器

量程：500 mm，精度：0. 5%(F·S)，分辨率：1 mm

2　系统软件

DJ800 型多功能监测系统的软件，计算机要求为 Windows XP 或 Windows 98 系统，在 MS-DOS(6. xx)环境下运行，也可在 Windows XP 环境下的 MS-DOS 中运行(需要 DJ800 光盘启动)。最大允许的数据采集总量为 990 000 条，1 个测点的最大允许采样长度为 33 000 点。

全部软件由 12 个文件组成，存在 1 片光盘上。其中 JAB486、ABC486 和 AOA486 是传感器率定系数及其有关的参数，DJ800. EXP 是系统运行程序。

用户应把全部文件拷贝到硬盘的 1 个子目录上，在 MS-DOS 环境下，键入 DJ800 命令，系统便开始运行；在主菜单上打“?”键，返回 MS-DOS 系统。

2. 1　系统软件安装

DJ800 型多功能监测系统软件安装，以 Windows XP 系统为例，其操作步骤如下：

(1) 提前将安装包复制到指定文件夹中，如 C:\hh64-1\hh64-1\dj800。

(2) 设置光盘启动模式。

✧重启电脑，连续按 Del 键进入 BIOS，笔记本按 F2 进入 BIOS；

✧选中 Advanced BIOS Features 选项，进入设置页面；

✧通过方向键选中 First Boot Device 或(1 st Boot Device)；

✧使用方向键选中 CD-ROM；

✧按 ESC 返回 BIOS 设置界面；

✧按 F10 或 Save &Exit Setup；

✧按 Y 键保存；

将启动光盘放入光驱，重启电脑，即可由光盘启动电脑进入光盘启动菜单。

(3) 进入主界面。

进入系统软件 DJ800 安装位置，如 C:\hh64-1\hh64-1\dj800 所示：

A:\>C:

C:\>cd:hh64-1

C:\hh64-1>cd:hh64-1

C:\hh64-1\hh64-1> dj800

回车，即可进入图 2.2-2。

2.2 波高仪率定

系统软件安装后，新实验开始前，需要对波高仪进行率定。波高仪的率定一般在水箱中进行，水箱水位用测针测量。在图 2.2-2 系统主界面“参数选择”菜单上，给定需要重新率定的传感器通道号，然后，打“6”键进入传感器率定菜单，再打“E”键即可。

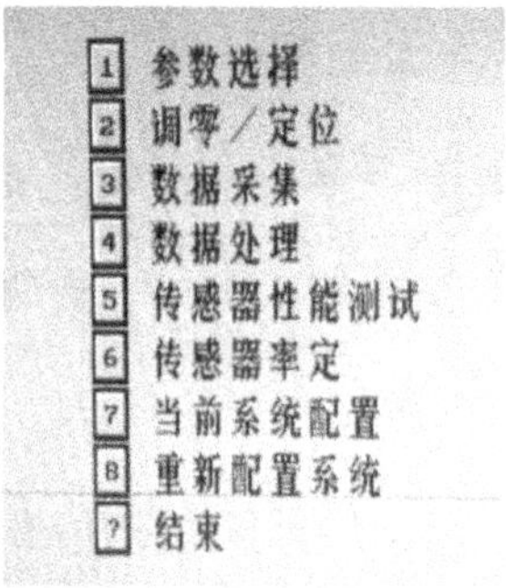

图 2.2-2　DJ800 系统主界面

（1）把传感器固定好，往水箱里注水，使传感器淹没一定深度，浸水后 20 分钟并测量当前水温（或强制水温为 0 ℃）后再开始率定，保持水面平稳，取浪高仪零点。

（2）向下移动浪高仪，向下为正，在水槽软件中输入移动距离（如 2 cm），一般测量 6～7 次不同水位的浪高值。

（3）打“N”键结束率定。

2.3 软件设置及测量

2.3.1 参数选择

点击电脑键盘数字“1”，如图 2.2-3 所示界面。

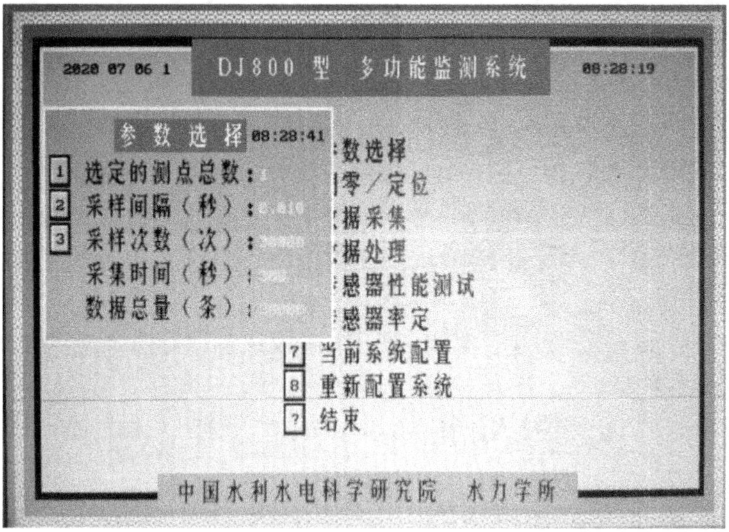

图 2.2-3　参数选择

采样间隔一般为 0.02 秒，采集时间大于 50 秒，采集时间除以采样间隔即为采样次数，如：300/0.02=15 000。

2.3.2　调零

点击图 2.2-2 中的“2”，选 A（图 2.2-4），对所有传感器调零（图 2.2-5），图中显示各传感器调零正常。如果传感器异常或者水面不平稳，调零数值不为零，且数字颜色为红色。

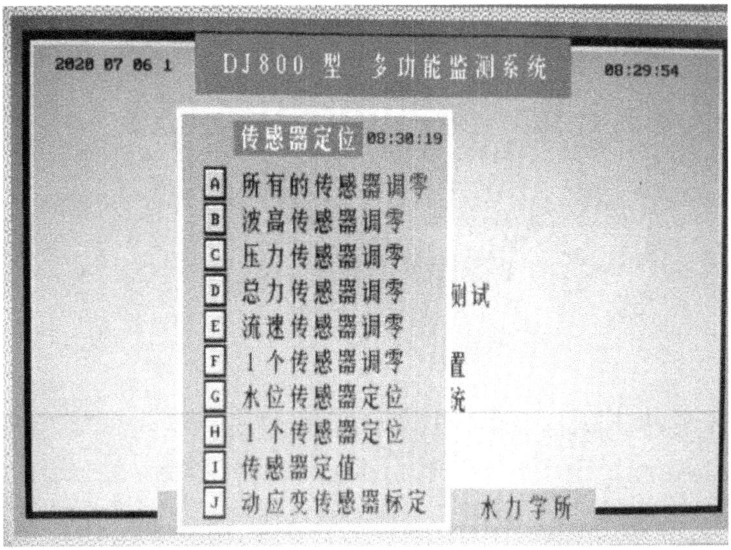

图 2.2-4　传感器调零

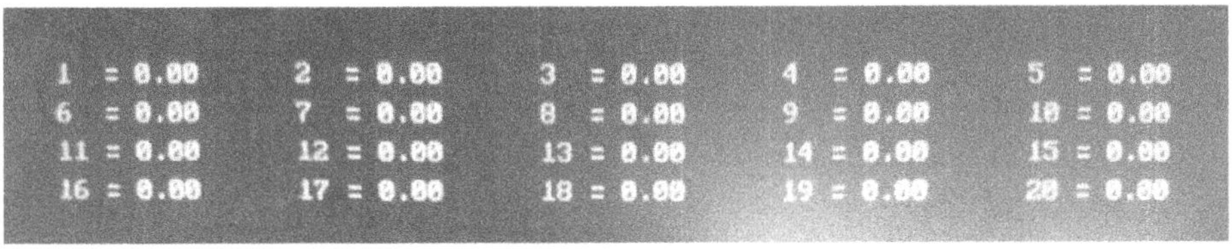

图 2.2-5　传感器调零数值

2.3.3　数据采集

点击图 2.2-2 中的“3”数据采集，在图 2.2-6 中命名储存文件名称，点击“A”，输入文件命名（如文件名“111”），然后点击“1”或“3”采集。

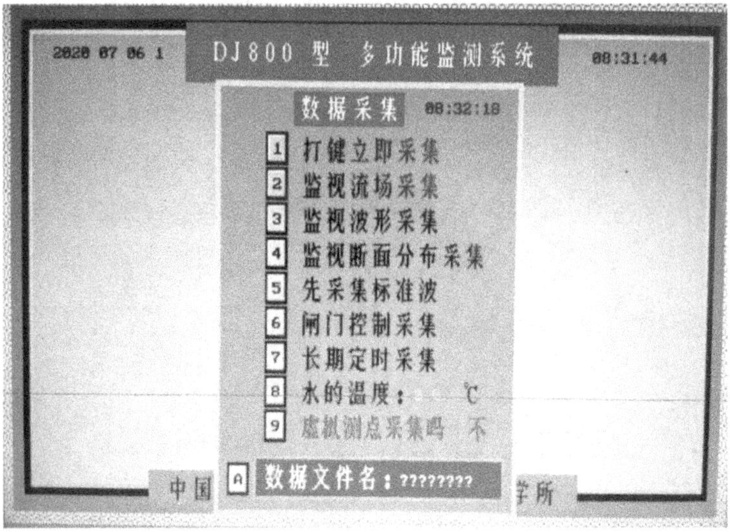

图 2.2-6 数据采集

2.3.4 文件保存

采集完成后，根据提示选择软件界面控件编号："1"—"C"—"4"—"2"—"N"。

3 常见问题与注意事项

3.1 波高仪

1. 故障

当波高仪出现问题时，应首先检查传感器丝线是否破损、检出电路是否浸水或潮湿，以及仪器的连线是否在插头部位发生断路或短路等。波高仪的敏感丝长期浸在水中会在丝线的表面积累水垢，使灵敏度降低，增加测量误差，应适时洗去污垢。一般可手持蘸酒精的棉丝在其表面轻轻擦洗，切不可用力过大，以避免拉长或拉断。

2. 率定系数

波高仪的率定系数，存在"ABC486"文件中。在一般情况下，短时间内不需要重新率定。但由于时间过长或怀疑电容丝老化，灵敏度系数改变，可通过传感器性能测试窗口，用静水位检查传感器的精度。如果发现误差太大，则应重新率定。

3. 安装高度

波高仪的安装高度要适当，下端既不能露出水面，上端也不能淹没电容检出电路，如有可能，尽量做到静水位处于浪高仪中间。一旦进水，集成电路就有可能损坏，即使是瞬间的淹没也不允许。如果是长期在露天或水滴溅射的环境下使用，应做好防水防潮措施或选购密封的产品。

4. 编号

传感器编号与采集箱通道号要对应一致。

5. 测量误差

波高仪的测量误差主要是由于绝缘层材料的物理特性发生变化，导致电容量变化，从而产生测量误差。首先是水温的变化，会使绝缘层材料的介电常数发生改变，因而使电容量变化；其次是绝缘材料的亲水特性影响。当表面干燥的传感器进入水中时，它的粗糙表面不能立刻全部被水浸润，还会有一些微小的气泡附着在上面。小气泡被水溶解，传感器表面全部被水浸润，这个变化过程，相当于绝缘层的厚度由厚变薄，相应的电容量由小变大，因此也产生测量误差。这一变化过程的时间较长，往往要几个小时才能稳定下来。这个误差是无法校正的，一般不超过满量程的 1%。最后是水的表面张力，当水面上升时，在导线周围的水面呈现凹状，下降时则呈现凸状，这就使传感器的输出值减小和滞后，一般减小 0.1～0.2 cm。这种误差在小波高情况下，影响比较明显，有时会出现波形平顶现象。

3.2　压力传感器

1. 进气孔

使用压力传感器时，塑料管的进气孔一定要放在水面以上。测量静态压力时，进气孔绝对不能进水。管内积水，一般会形成几个毫米水柱的压力误差。

2. 率定系数

传感器的导线长度对其率定系数有一定影响，已经率定好了的传感器，其导线既不能接长，也不能剪短，如果必须改变导线长度时，就得重新率定传感器。

3. 编号

传感器编号与采集箱通道号要对应一致。

第三节 WMS型微型压力传感器

1 系统概况

WMS型微型压力传感器，是以单晶硅为基体，按照特定晶面，根据受力形式分别加工成杯、梁、膜等形状，采用集成电路工艺扩散成四个等值电阻，组成一个惠斯通电桥，传感器受力后，电桥失去平衡，输出一个与压力成比例的电信号。见图2.3-1。

该设备本学院一般使用DH5922N动态测试信号分析系统，进行数据采集与分析。

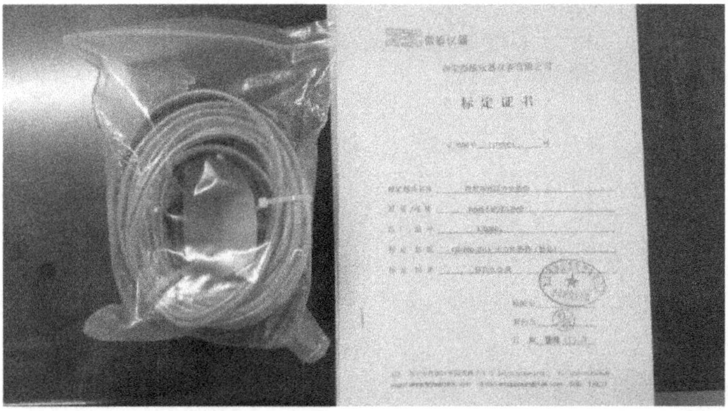

图2.3-1 WMS型微型压力传感器

1.1 压力传感器基本信息

(1) 设备型号：WMS。

(2) 设备硬件组成：压力传感器、DH3810N-1应变适调器、DH5922N动态测试信号分析系统、网线、电源线。

(3) 技术指标：直径5 mm，长28 mm，量程−30～50 kPa，精度0.15%，输出：mv值，供电：24 VDC，频响：10 kHz，稳定性：0.3%/年，0.15%/时。

1.2 接线柱连接方法

压力传感器与DH3810N-1应变适调器连接时，接线柱的连接位置如图2.3-2所示：

VI－：信号、白线；
－EG：供电、黄线；
VI＋：信号、蓝线；
＋EG：供电、红线；
G：地线，接线时要关机。

图 2.3-2　传感器与桥盒连接方法

1.3　采集软件

WMS 型微型压力传感器一般使用 DH5922N 动态测试信号分析系统进行数据采集与分析，软件操作说明详情见《DH5922N 动态测试信号分析系统软件操作指南》。

2　仪器安装与使用

2.1　仪器安装

仪器安装操作步骤：

(1) 标记安装位置。在实验模型装置上标记压力传感器的安装位置，每个位置对应固定的仪器编号和桥盒编号，如断面 1 测点对应 1＃仪器—1＃桥盒—1＃通道(DH5922N 采集通道)。

(2) 仪器安装。在压力传感器壳体表面缠绕生料带，用于密封安装位置的空隙。缠绕生料带时，要均匀平整地缠在外壳上，生料带不能遮盖顶部压力膜片。安装时扭力不可过大，用手拧紧即可，如果用扳手只需稍微用力，过大的扭力可能造成传感器螺纹断裂。

(3) 将压力传感器与 DH3810N-1 应变适调器(DH5922N 采集装置即对应的桥盒)连接,桥盒信号线与采集装置连接。

(4) 连接地线。为了提高抗干扰能力及测量精度,建议将屏蔽及壳体与地线接通。简单方法:可以找根能电线,一头接采集箱,一头放入水槽底部的水中,注意避开人员走动区域。

(5) 连接通讯线。打开软件(详情参见第三章第一节《DH5922N 动态测试信号分析系统》2.1 章节)。

2.2 仪器标定

仪器使用前需要标定,标定方法如下:

(1) 准备一个 50 cm 高的水桶,1 m 测尺,仪器与测尺的固定工具(如夹子或胶带)。

(2) 打开软件,"测量—参数设置",点击最右侧"通道",弹出通道设置界面,如图 2.3-3 和图 2.3-4。

图 2.3-3 参数设置

(3) 输入压力传感器参数信息,如测量、工程单位、测量类型、量程、桥压等。图 2.3-4 中"一般设置"选择的"标定",标定界面选"单行程""线性"。"标准点数"和"步长"是根据测量桶内水位高度设定的。如 40 cm 水深,标准点数选"6",即 40 cm 水深分成 6 个测点,其步长根据 $P=\rho gh$,1 kPa=0.101 93 m 水柱,因此步长为 0.40×9.81/5=0.784 8。

图 2.3-4　标定

（4）点击“开始标定”，记录初始位置，测尺依次下降，待运行稳定后计数，输入相应信息，得到标定结果，“保存”，在“通道”信息栏会显示标定后的参数信息，详情如图 2.3-5 所示。

图 2.3-5　标定参数信息

2.3 数据采集

详情参见第三章第一节《DH5922N 动态测试信号分析系统》。

3 常见问题与注意事项

WMS 型微型压力传感器使用时的常见问题与注意事项：

(1) 传感器应使用在硅和不锈钢无腐蚀的介质中。

(2) 所测系统可能出现的最大压力不能超过额定过载值。

(3) 严禁把尖而硬的东西伸入压力输入孔，以防将芯片损坏，密封处尽量远离敏感膜片，最好在靠近六边处，以免产生应力。

(4) 若发现传感器有质量问题时，请立即联系实验中心管理人员，不得随意开启传感器外壳。

第三章 结构应力与应变测量系统

第一节 DH5922N 动态测试信号分析系统

1 系统概况

1.1 系统硬件

动态信号采集和分析系统可对应变、位移、速度、加速度、转速等物理量进行自动、准确、可靠的动态测试，并对信号进行动态时域及频域处理和模态分析。通过观测试件运行状况，并对其受力状态进行记录和统计，测试试件加载后各部位应力变化，可测试建筑结构的强度，评估其抗地震、强风等自然灾害的能力。见图 3.1-1。

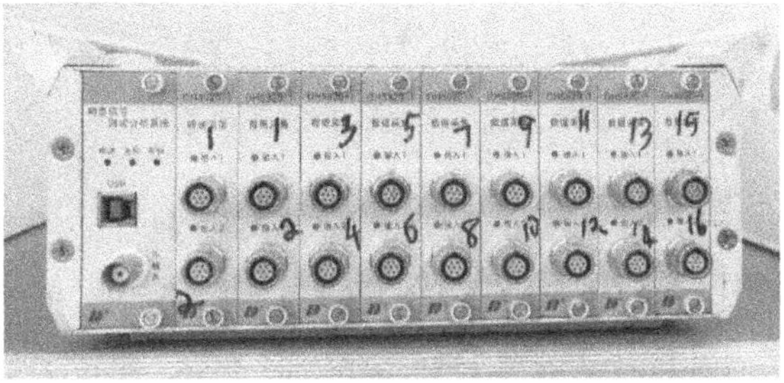

图 3.1-1 动态测试信号分析系统

设备基本信息

(1) 设备型号:DH5922N。

(2) 设备硬件组成:采集箱、DH3810N-1 应变适调器(即桥盒,共 16 个)、DH5857-1 电荷适调器(不常用,共 16 个,含 2 m L5 线)、电源线、网线和数据线等。

(3) 技术指标。

通道数:16 通道;

采样速率:256 kHz/通道;

通信方式:千兆以太网;

供电方式:220 VAC 或 10～36 VDC。

1.2 系统软件

DH5922N 动态信号测试分析系统,是为大型结构的强度和寿命评估实验专门设计,采用 19 英寸标准机箱结构,利用千兆以太网通信,通过交换机扩展,单台计算机可以实现多通道动态信号并行同步测试和分析,广泛应用于航空航天、汽车工业、机械工程、轨道交通等行业各种结构的性能测试和分析(图 3.1-2)。

图 3.1-2 系统软件登录页面

1.3 运行环境

1.3.1 硬件配置要求

见表 3.1-1。

表 3.1-1 硬件配置要求

硬件名称	配置要求
CPU	Intel 或 AMD 处理器主频 1 GHz 以上
内存	大于 512 MB
硬盘空间	10 G 以上

1.3.2 软件系统要求

操作系统：微软公司 Windows 2000/XP/Vista/7/8 的 64 位及以下操作系统。推荐使用正版 Windows 操作系统，部分精简版 Windows 操作系统可能存在问题。

2 系统安装

2.1 硬件安装

2.1.1 传感器连接

以 DH3810N-1 应变适调器与压力传感器连接为例，详情见第二章第三节《WMS 型微型压力传感器》1.2 接线柱连接方法。

2.1.2 通讯线连接

通过 USB3.0 通讯线，将计算机与 DH5922N 连接，网线旁绿灯闪烁证明连接成功，数据采集处需红点朝上连接，如图 3.1-3 所示。

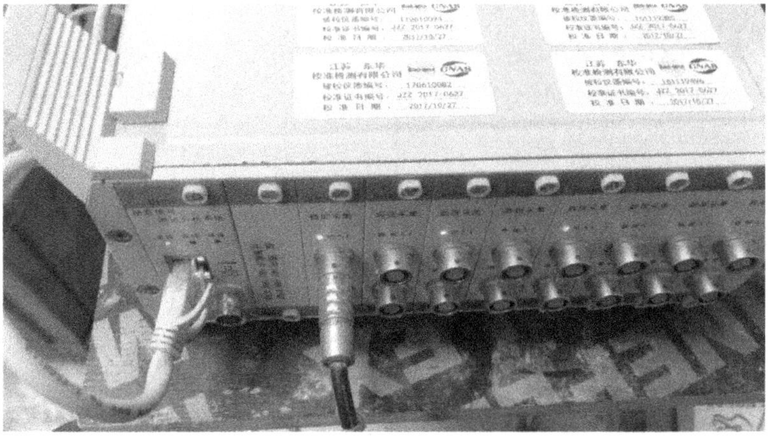

图 3.1-3 通讯线连接

打开控制面板→网络和 Internet→网络和共享中心→更改适配器设置，选中连接的网络右击属性界面，选择 Internet 协议版本 4 右击属性，将 IP 地址修改成如图 3.1-4 所示，点击确定。IP 地址必须为机箱贴牌处的设置。

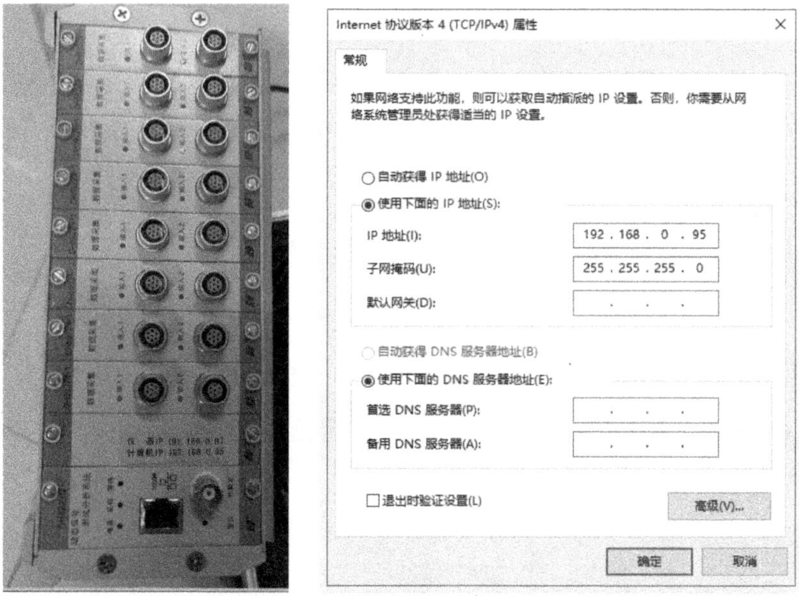

图 3.1-4 IP 地址设置

2.1.3 信号线连接

信号输入线接入通道，如图 3.1-5 所示，将仪器通道上的红点与信号输入线的红点相对应，即可将信号输入线插入通道，否则无法插入通道。

注意：信号输入线与仪器通道接口之间不可带电插拔。

图 3.1-5 信号线连接

图 3.1-6 信号线拔出

信号输入线拔出通道，如图 3.1-6 所示，拔出信号输入线时，拇指与食指捏紧插头的中部即可将输入线接头拔出。

2.1.4　开机顺序

连接好电源线后，连接适调器（如果需要），然后按下后面面板的电源开关。此时，电源指示灯和等待指示灯亮，表示仪器已启动。

2.2　软件安装

DHDAS软件需要在Microsoft. Net Framework 4.0的基础上才能正常运行，所以在安装DHDAS软件前请确认计算机上是否安装了此软件环境（图3.1-7）。

打开DHDAS的软件安装包，双击软件安装包内的“setup”图标	
出现等待界面	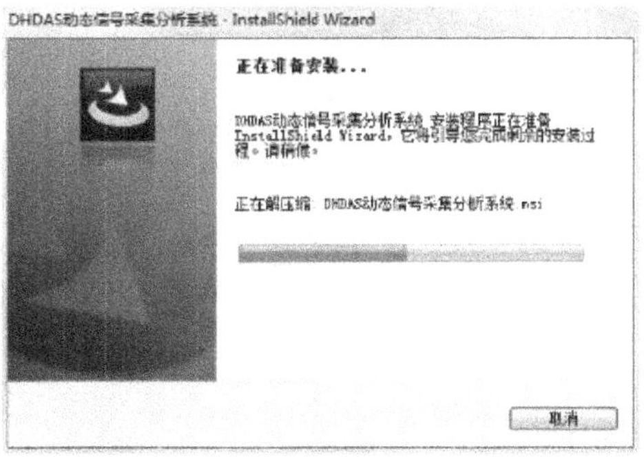

图3.1-7　软件安装

下一步选择“全部”“下一步”，直到安装完毕。

3　系统功能

3.1　硬件配置

打开软件，点击软件主界面右上角“硬件”按钮，接口类型选择千兆网络接口，仪器型号选择DH5922N，点击查找即可连接，连接成功界面如图3.1-8所示。

3.2　软件操作

3.2.1　创建工程

点击左上角“新建”按钮，即可选择想要创建的工程名称与储存位置，如图

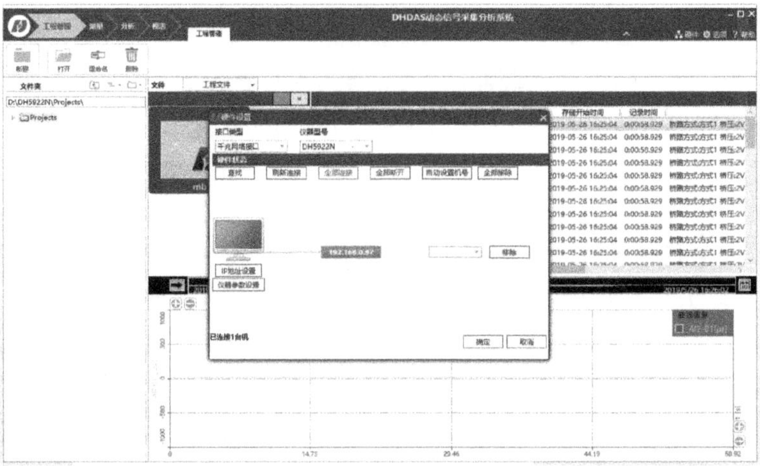

图 3.1-8　仪器连接界面

3.1-9中的文件名 ceshi。

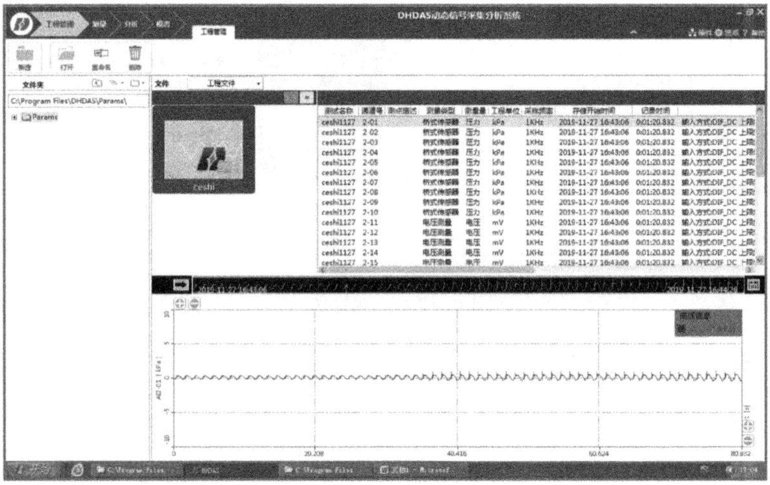

图 3.1-9　创建工程

3.2.2　测量—参数设置

含有参数文件时，选择仪器参数文件，如图 3.1-10 中的“biaoding”，此时双击该文件可以导入实验仪器的参数信息，如图 3.1-11 所示。

该参数是仪器标定或已知参数时生成的文件，如果没有仪器参数，需要先对仪器进行标定，压力传感器标定方法，详情请参见第二章第三节《WMS 型微型压力传感器》。

当已知仪器参数时，点击最右侧“通道”设定通道参数，该参数为响应连接的传感器参数，如图 3.1-10 所示。

注：如果需设定桥盒参数，需先将桥盒连接在仪器上，再打开软件即出现桥盒参数设置界面。

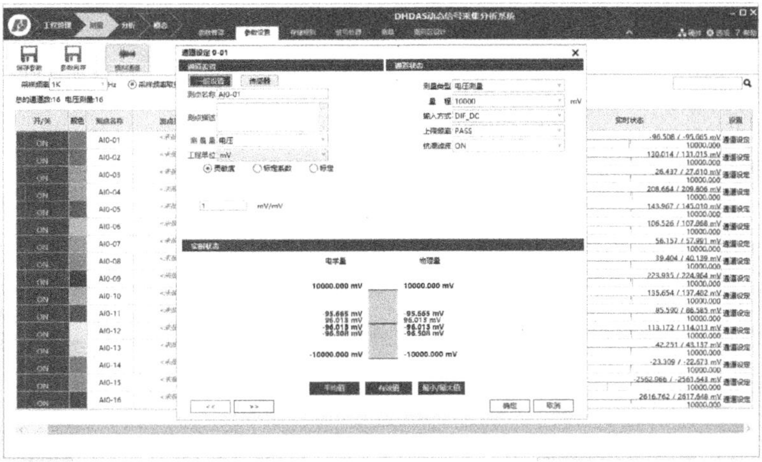

图 3.1-10　通道参数设置

参数设置完成后点击“保存参数”，方便以后直接使用。

图 3.1-11　选择参数文件

标定文件导入的参数信息，详情如图 3.1-12。

图 3.1-12　仪器参数信息

3.2.3　测量—数据采集

进入“测量”界面的“测量”选项，如图 3.1-13 所示，数据采集前，勾选右侧显示的通道数据，然后点击左上角“平衡清零”清零，输入数据文件名，如“ceshi”，保存文件名。点击“采集”，造波机采集完成后，点击“停止”，此时采集完成（注：此时数据已经保存）。

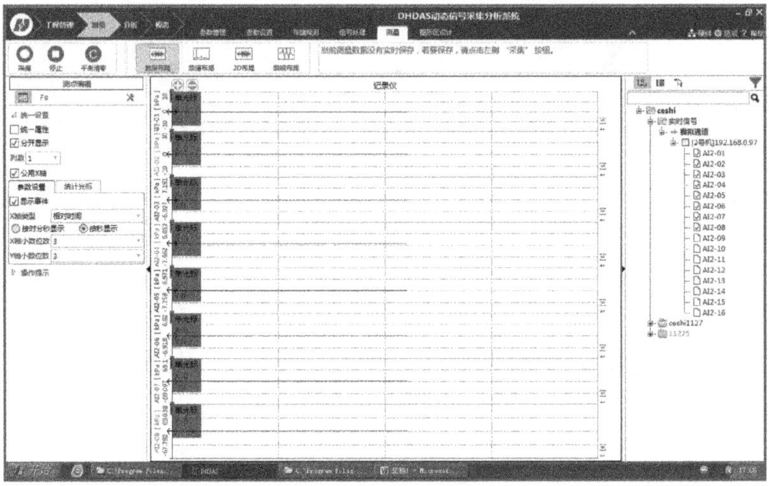

图 3.1-13　数据采集

3.2.4 分析—输出

完成文件格式转换，选择 Excel 格式，找到刚才输入的工程文件夹，输入文件名 gh17-1-1，完成采集，如图 3.1-14 所示。

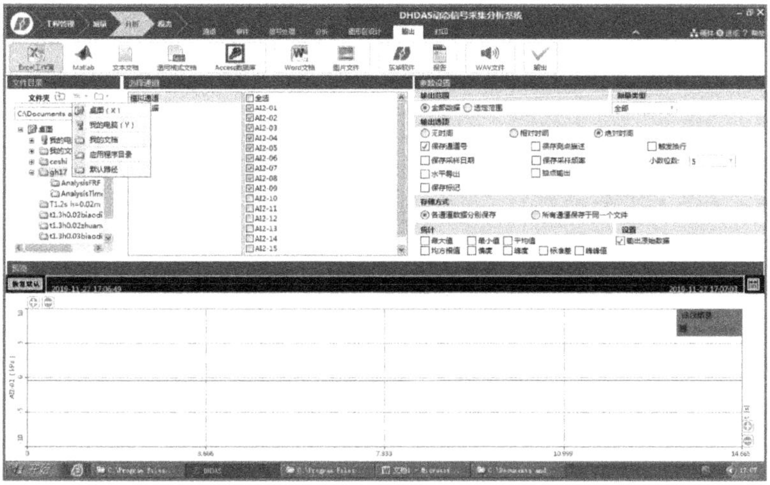

图 3.1-14 数据输出设置

4 常见问题与注意事项

4.1 仪器类故障

见表 3.1-2。

表 3.1-2 仪器类常见故障

故障现象	原因	解决办法
查找不到设备	开机时采样和等待指示灯长亮	切断重新启动仪器
	计算机操作系统设置不正确	查看系统防火墙、第三方防火墙是否正确设置
测试数据不正常	过载导致信号波形有削波现象	调整量程范围
	欠载导致信噪比过低	
	测试现场存在强电磁场干扰源	查找干扰源，如有强电磁场干扰源，则关闭干扰源后再采集
		试件、屏蔽网、仪器接地端连接并良好接地
	仪器工作电源无地线	用导线将仪器后面板的接地端子接地
	数据有丢失现象	关闭计算机中其他正在运行的软件

4.2 适调器故障

见表 3.1-3。

表 3.1-3 适调器常见故障

故障现象	原因	解决办法
适调器工作指示灯不亮	在开机之前没有连接适调器，连接适调器的顺序不正确	先关闭仪器，重新连接适调器后再启动仪器
	适调器有故障	关机后将适调器接至另一个正常的通道，再开机，如工作指示灯仍不亮，则表示适调器有问题，如工作灯亮，表示适调器良好，原通道有故障
	通道卡有故障	

4.3 传感器故障

见表 3.1-4。

表 3.1-4 传感器常见故障

故障现象	原因	解决办法
电涡流位移传感器测试数据不正常	探头与测试表面的距离过远或过近	调整传感器探头与测试表面的距离
	传感器接线有问题	重新接线
IEPE(ICP)传感器测试数据不正常	软件设置输入方式不当	软件中的输入方式应设成“IEPE(ICP)”
电荷输出型传感器测试数据不正常	L5 线连接有问题	重新连接或更换 L5 线
应变式传感器测试数据不正常	惠斯通桥路组成不正确	检查惠斯通桥路连接
	传感器与 DH3810N-1 的连接有问题	重新连接
	激励电压不正确	正确设置桥压

4.4 附件及外部因素故障

见表 3.1-5。

表 3.5-1 附件及外部因素常见故障

故障现象	原因	解决办法
仪器不能正常连接	1394 线损坏	更换 1394 线
计算机无法连接仪器	操作系统与测试系统冲突	使用正版 Windows 系统并正确设置防火墙
	计算机硬件问题	更换计算机
测试数据不正常	电源线没有接地	使用单相三线制的电源插座
	工频干扰	屏蔽、接地

第二节　DH3816N 静态应变测试分析系统

1　系统概况

1.1　系统硬件

DH3816N 静态应变测试分析系统，每个模块 60 测点，通过交换机实现无限扩展，交直流供电，以太网接口，适用于实验室内的结构实验以及各种复杂工程现场实验。见图 3.2-1。

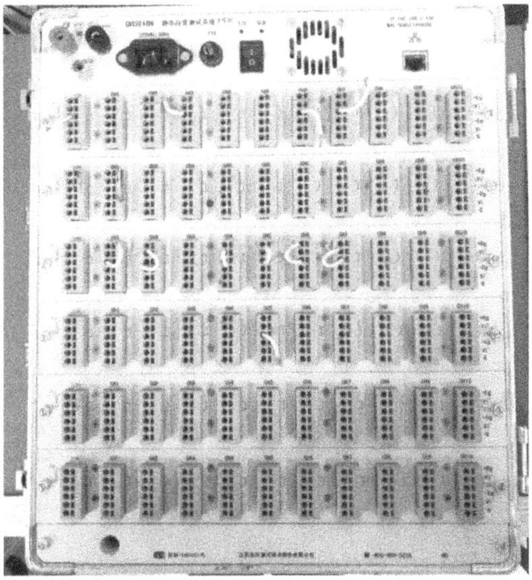

图 3.2-1　DH3816N 静态应变测试分析系统采集装置

设备基本信息

(1) 设备型号：DH3816N。

(2) 设备硬件组成：电源线（1 根）、网线（1 根）、100 M/1 000 M 以太网交换机、配套仪器（需要自备，一般采用应变片或应变桥进行测量）。

(3) 技术指标。

测量点数：每台计算机至少可控制 64 台数据采样箱，每台数据采样箱可测 60 点；

采样速度：60 点/秒；

适用应变片电阻值：50～10 000 Ω；

应变片灵敏度系数：1.0～3.0 自动修正；
供桥电压：2 V(DC)；
测量应变范围：±19 999 με；
最高分辨率：1 με；
零漂：不大于 4 με/4 h(程控±19 999 με 状态)；
通信接口：100 M 以太网；
电源：交流 220 V±10%，50 Hz±2%，直流 24 V；
外形尺寸：360 mm×320 mm×125 mm(长×宽×高)便携机箱。

1.2 系统软件

DH3816N 静态应变测试系统，由江苏东华测试技术股份有限公司开发生产，它采用 USB 口或者 232 口，即插即用，方便可靠，通过模块扩展，每台计算机最多可同时控制 2048 个测点，模块间通信距离可达 100 m，方便布线，系统抗干扰能力强。此系统软件实现了从开始测量到产生实验报告的一系列过程。软件主要功能：文件操作、参数设置、采样控制、数据观测和处理、图形显示、数据打印等。

软件包名称：DH3816N 静态应变测试系统安装包。

1.3 运行环境

1.3.1 电源要求

见表 3.2-1。

表 3.2-1 电源要求

使用环境	电源要求	
实验室	交流电源	交流电源：220 V±10%，50 Hz±2%
实验现场	交流电源	交流电源：220 V±10%，50 Hz±2%
	直流电源	24 V 直流电压(在无交流电源的情况下，可使用直流电源)

1.3.2 硬件配置要求

CPU：Pentium 133 以上；
硬盘空间：100 M 以上；
适用的仪器范围：DH3816N 系列；
适用的仪器接口：网口。

1.3.3 软件系统要求

操作系统：Windows 95/98/Me/2000/XP/Vista/7 操作系统。

2　系统安装

2.1　软件安装

见图 3.2-2。

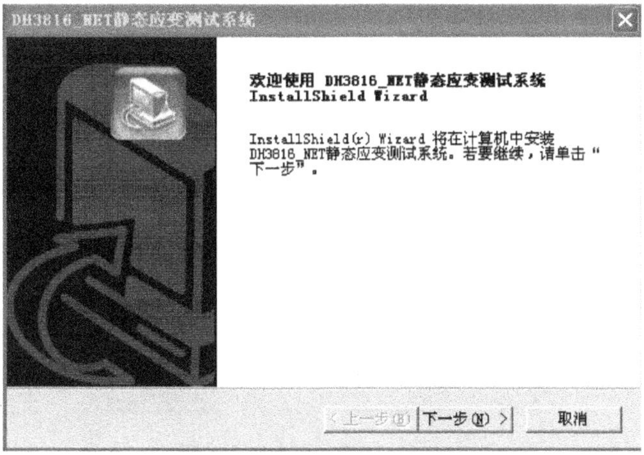

图 3.2-2　软件安装步骤

2.2　软件配置

DH3816N 软件与计算机通过网线相连，连接前需配置计算机 IP 地址，具体操作如图 3.2-3 所示。

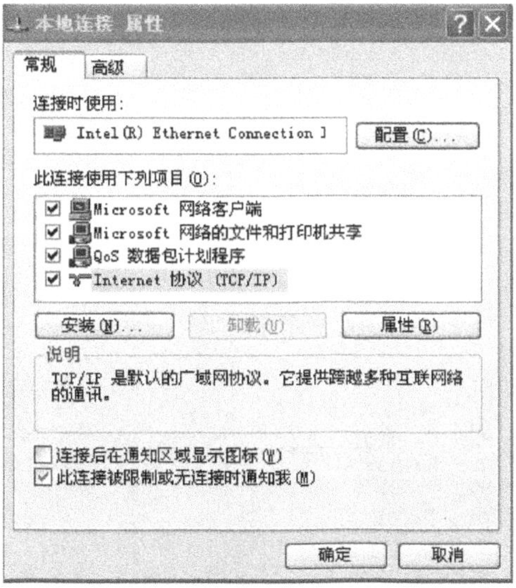

图 3.2-3　计算机 IP 地址配置(1)

打开如图 3.2-3 所示界面(控制面板→网络和 Internet→网络和共享中心→更

改适配器设置），选中链接的网络右击属性界面，选择 Internet 协议版本 4 右击属性，将 IP 地址设为“192.168.0.×××”（×××在 200～254 之间）设置完成后点击“确定”提交设置，再在本地连接“属性”中点击“确定”保存设置（图 3.2-4）。

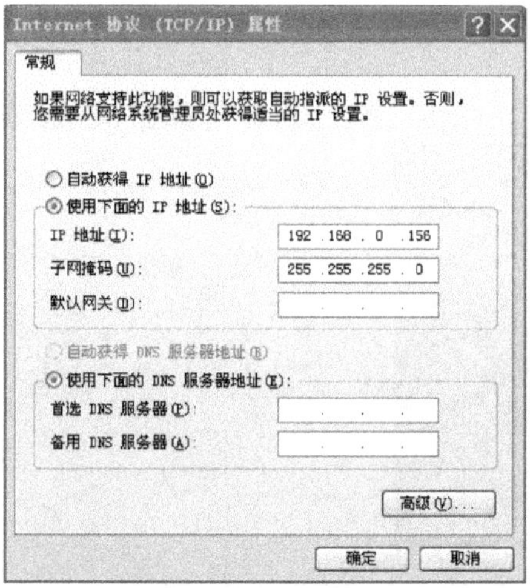

图 3.2-4　计算机 IP 地址配置(2)

将仪器连接好后，双击图标“”打开软件。

3　系统功能

3.1　设置功能

该菜单具有对操作权限、采样、图形属性、观测测点、计算机通道、端口、网络等功能。见图 3.2-5。

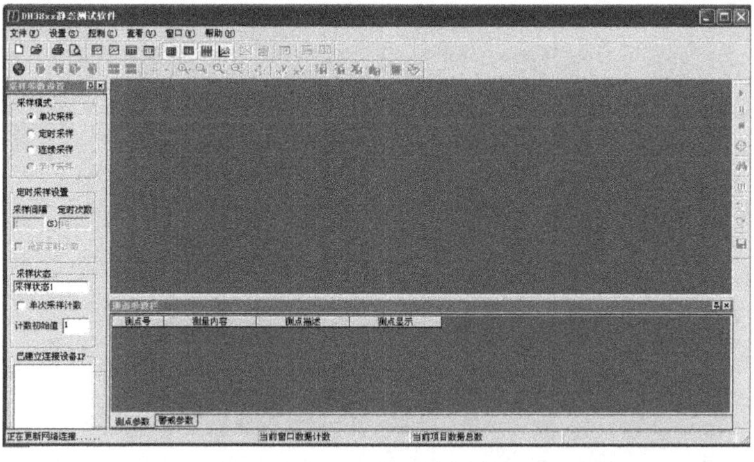

图 3.2-5　软件主界面

3.1.1　端口设置

点击“设置”里的“端口设置”，弹出如图 3.2-6 所示对话框。

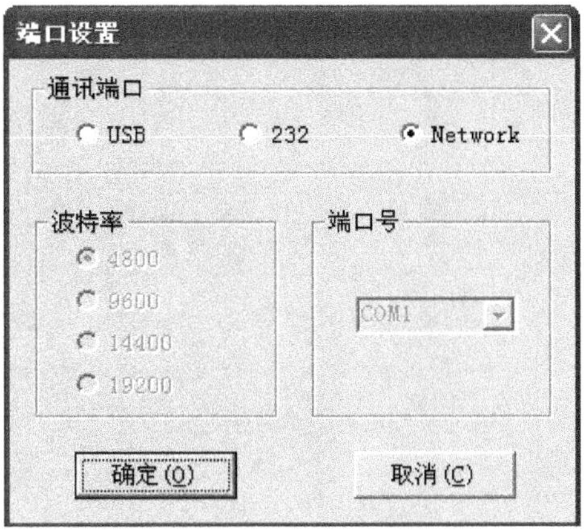

图 3.2-6　端口设置

“通讯端口”选择“Network”。

3.1.2　网络设置

点击“设置”→“网络设置”，弹出如图 3.2-7 所示对话框。

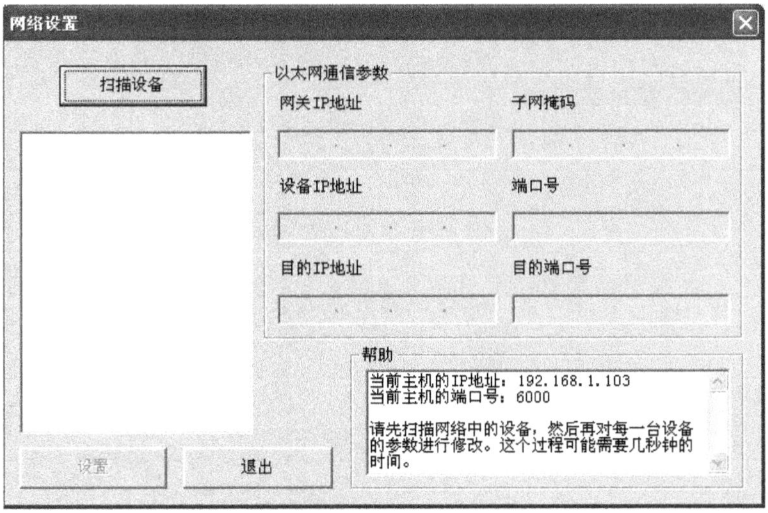

图 3.2-7　网络设置

点击“扫描设备”，若查找到仪器，左边一栏即显示仪器的设备号，如图 3.2-8 所示。

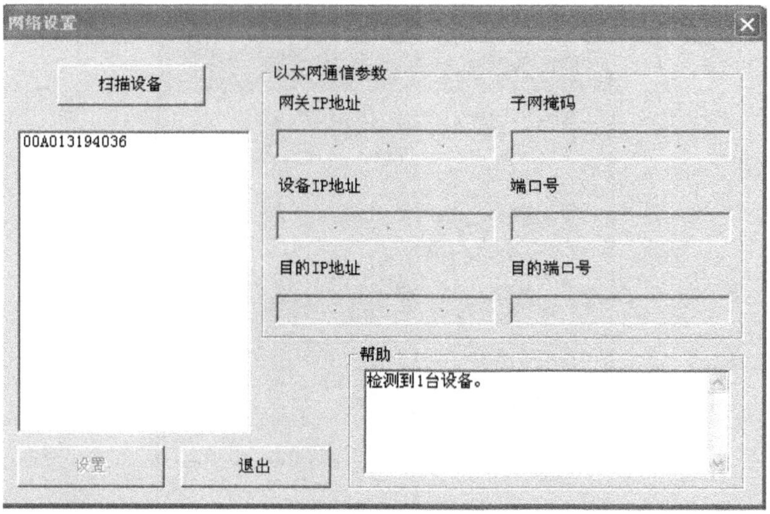

图 3.2-8　扫描设备

单击扫描到的仪器设备号，右边的“以太网通信参数”会显示网关 IP 地址、子网掩码、设备 IP 地址以及目的 IP 地址，如图 3.2-9 所示。

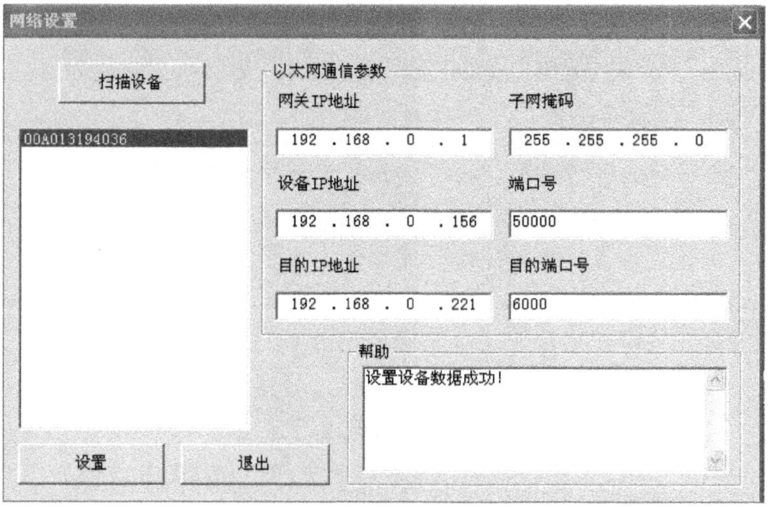

图 3.2-9　通信参数设置

✧得到目的 IP 地址后，点击“退出”，关闭软件；

✧将计算机的本地 IP 地址改为目的 IP 地址，子网掩码设为：255.255.255.0；

✧重启仪器，打开软件，在软件最右边的菜单栏点击图标“ ”，出现如图 3.2-10 所示，即表示查找到机箱。

图 3.2-10　查找机箱

3.2　测量功能

3.2.1　传感器连接方法

传感器连接方法如图 3.2-11 所示。

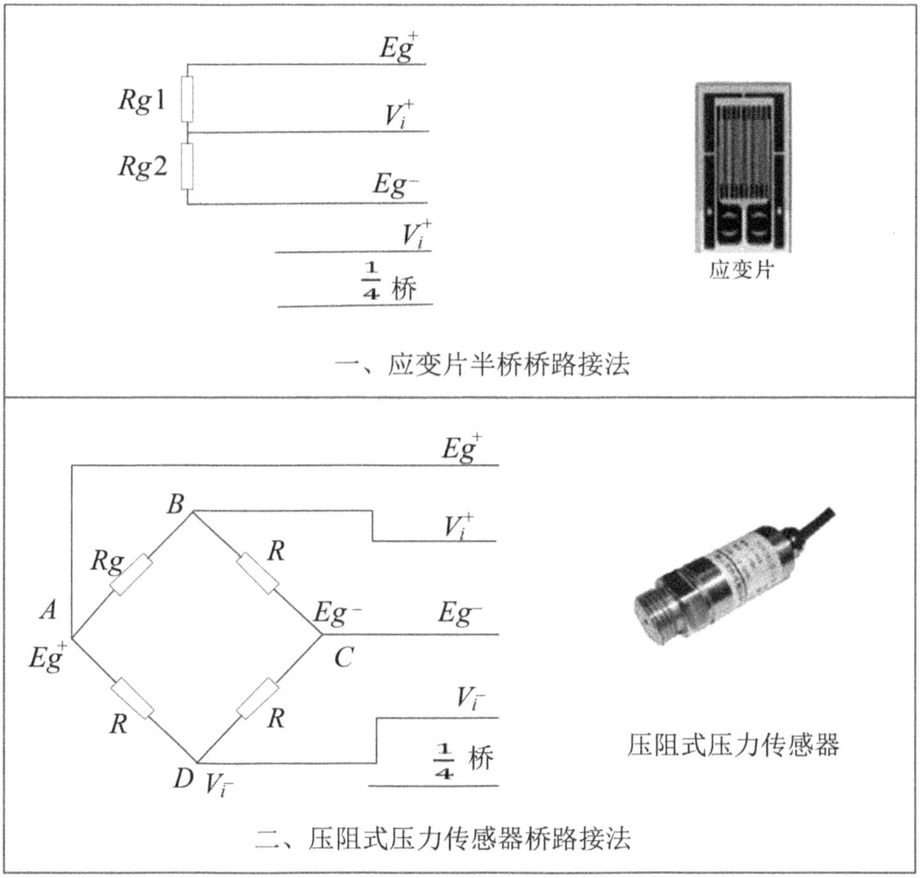

图 3.2-11　传感器连接方法

3.2.2　新建项目

设备查找成功后，首先新建项目，在工具栏上点击 按钮或菜单栏上选择“文件”→“新建文件”，弹出如图 3.2-12 所示的对话框。

图 3.2-12　新建项目

输入项目名称后，点击“保存”按钮。

3.2.3　通道参数设置

新建项目后，首先是通道参数的设置，如图 3.2-13 所示。

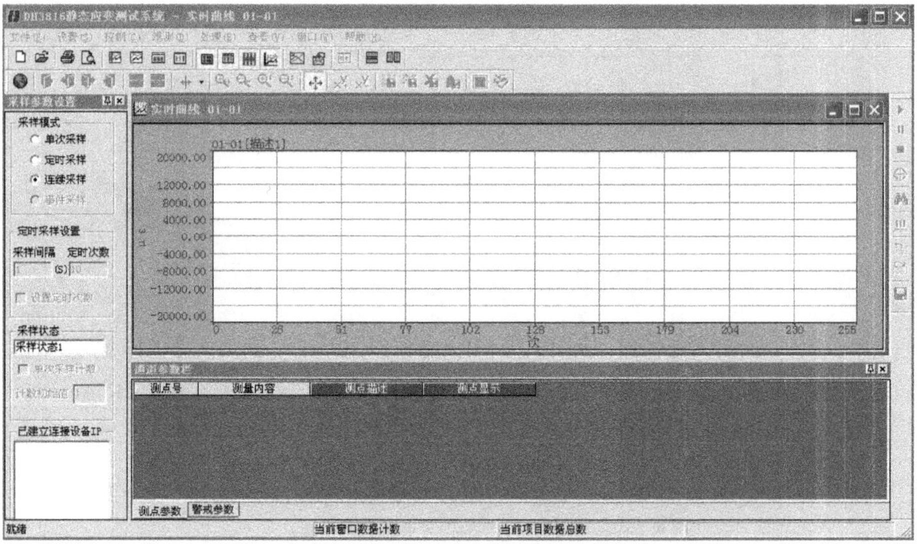

图 3.2-13　通道参数设置

对不同的测量内容进行不同的通道参数设置，设置如图 3.2-14 所示。

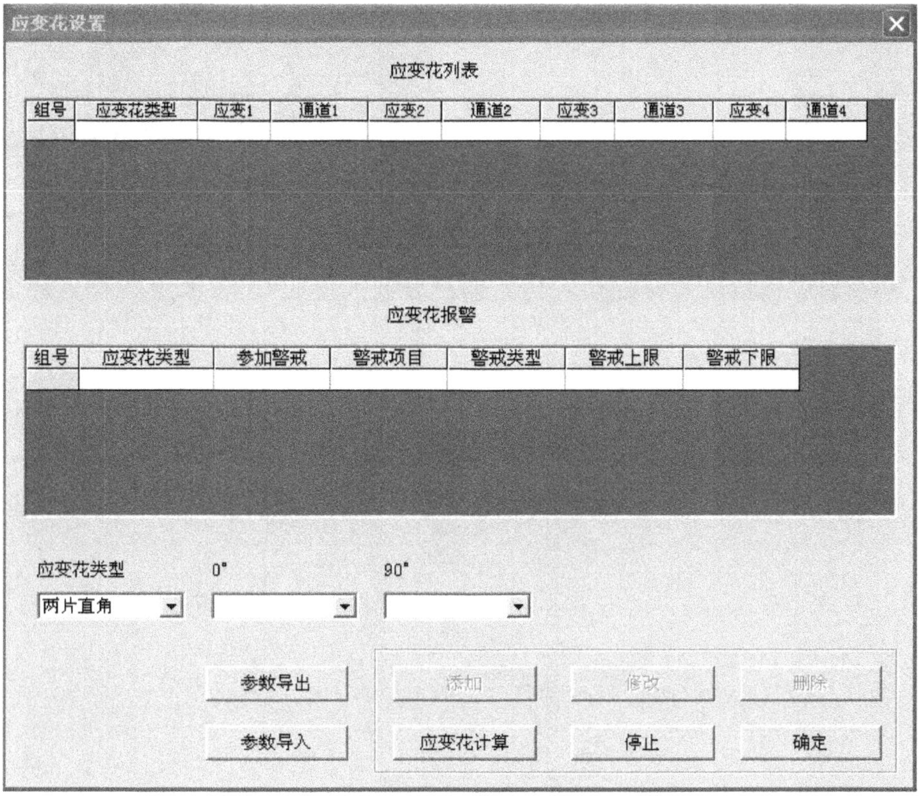

图 3.2-14　应变应力参数选择

①应变应力

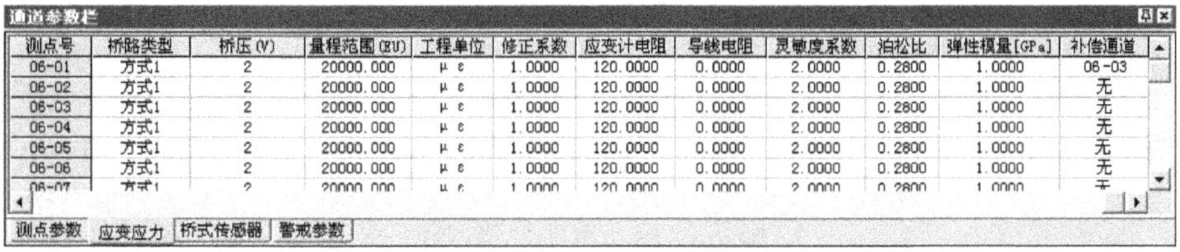

测点号	桥路类型	桥压(V)	量程范围(EU)	工程单位	修正系数	应变计电阻	导线电阻	灵敏度系数	泊松比	弹性模量[GPa]	补偿通道
06-01	方式1	2	20000.000	με	1.0000	120.0000	0.0000	2.0000	0.2800	1.0000	06-03
06-02	方式1	2	20000.000	με	1.0000	120.0000	0.0000	2.0000	0.2800	1.0000	无
06-03	方式1	2	20000.000	με	1.0000	120.0000	0.0000	2.0000	0.2800	1.0000	无
06-04	方式1	2	20000.000	με	1.0000	120.0000	0.0000	2.0000	0.2800	1.0000	无
06-05	方式1	2	20000.000	με	1.0000	120.0000	0.0000	2.0000	0.2800	1.0000	无
06-06	方式1	2	20000.000	με	1.0000	120.0000	0.0000	2.0000	0.2800	1.0000	无
06-07	方式1	2	20000.000	με	1.0000	120.0000	0.0000	2.0000	0.2800	1.0000	无

图 3.2-15　应变应力参数设置

根据实验情况对“桥路类型”“应变计电阻”“导线电阻”“灵敏度系数”“弹模(GPa)”“泊松比”“补偿通道”进行设置。

②桥式传感器

连接桥式传感器时，如图 3.2-16 所示。

图 3.2-16　桥式传感器参数设置

根据对应通道所连接的桥式传感器设置此通道的“工程单位”“传感器灵敏度”。

设置完通道参数后，进行采样模式的设置，如图 3.2-17(一般均选择连续采样)。

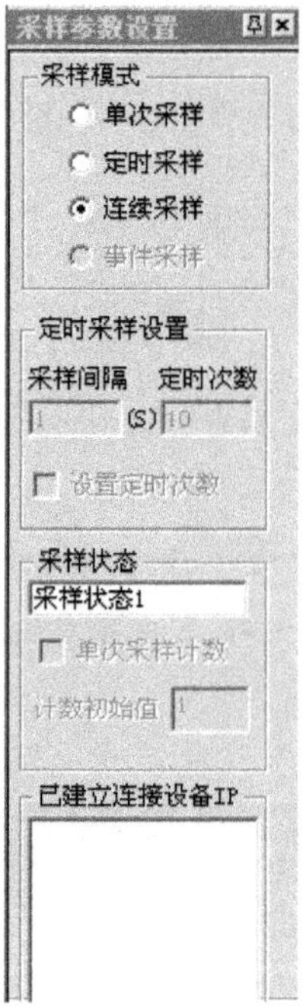

图 3.2-17　采样参数设置

开始采样前，先进行平衡清零操作，清零完成后点击图标“▶”开始采样。

3.3　软件操作步骤小结

(1) 启动软件。

(2) 设置通信端口，检测机箱，平衡测点，平衡完成后，将在表格数据窗口中显示平衡结果和平衡状态。

(3) 根据您的需要设置相应的采样模式(采样模式包括定时采样、单次采样、连续采样、事件采样)。如果您采用定时采样,可以设置相应的定时间隔和定时次数。

(4) 设置测点参数,根据您测量的要求,设置测量内容、桥压,确定要显示的测点和测点描述,在"应变应力""桥式传感器"或"热电偶测温"页面输入相应的测点参数。

(5) 根据您的需要在"实时曲线窗口""历史曲线窗口"上选择要显示的测点,您也可以新建历史曲线窗口和实时曲线窗口,实现同时应变应力和显示应变花(即一个窗口显示应变应力,另外一个窗口显示应变花)。在"表格窗口"中确定是否要显示描述。

(6) 点击采样按钮(或选择菜单项"控制|启动采样"),开始采样。采样时可以新建"实时曲线窗口""历史曲线窗口"及"表格窗口"。当采样模式为定时采样或连续采样,点击暂停采样按钮(或菜单"控制|暂停采样")将暂时停止采样。

(7) 在采样过程中,用户可以根据需要决定是否保存采集的数据。采样控制栏"数据存盘/不存盘"按钮状态为时,表示开始保存采集的数据;按钮状态为时,表示开始不保存采集的数据,但仍显示其图形。在定时采样、事件采样或连续采样过程中,用户可随时点击"数据存盘/不存盘"按钮,以决定何时开始保存数据。对于单次采样,必须在采样开始前切换此按钮的状态,因为只采一次数据,无法在很短暂采样过程中切换此按钮。

(8) 点击停止采样按钮(或选择菜单项"控制|停止采样"),将停止采样。历史曲线窗口、实时曲线窗口及表格窗口将显示所有采集到的数据。通过移动表格窗口数据,将看到不同时刻所有测点的数据。

(9) 根据需要,可将采集到的信号数据进行处理,如通过"数据修正"和"数据编辑"功能处理数据。

3.4　常见灵敏度的表示方法

1. 应变片

应变片的灵敏度系数一般是 2.0 左右,在应变片的技术指标上都会标明,测量的时候直接输入软件即可。

2. 压电式传感器

压电式传感器的灵敏度单位是 pC/EU,其中 EU 表示该传感器测量的工程单位,该传感器接入仪器需要使用电荷适调器。电荷适调器将传感器输出电荷信号转化为电压信号,再根据传感器的灵敏度,可以得出加速度或力的值。

3. 压阻式加速度传感器

压阻式加速度传感器的灵敏度单位是mV/EU，其中EU表示该传感器测量的工程单位，因为该传感器需要供电，所以传感器接仪器时需要接应变适调器（桥盒），仪器测得该传感器输出的电压信号，根据传感器的灵敏度，可以得出传感器测得信号的大小。

4. 磁电式传感器

磁电式传感器的灵敏度单位是mV/EU，其中EU表示该传感器测量的工程单位，该传感器利用电磁感应原理将被测量转换成电压信号，仪器直接可以测得该电压信号，根据传感器的灵敏度，可以得出传感器测得速度的值。

5. 桥式传感器

桥式传感器的灵敏度单位是mV/V。例如：某厂家提供的传感器的指标为量程1 000 kN、电源12 V、灵敏度1.23 mV/V，它的实际意义是在有12 V电压激励的时候，它的满量程输出电压为14.76 mV。

那么针对该系统，2 V/5 V/10 V/24 V的桥压电压的灵敏度的计算方法分别为：

2 V桥压电压的灵敏度1.23×2/1 000=0.002 46 mV/kN；

5 V桥压电压的灵敏度1.23×5/1 000=0.006 15 mV/kN；

10 V桥压电压的灵敏度1.23×10/1 000=0.012 3 mV/kN；

24 V桥压电压的灵敏度1.23×24/1 000=0.029 52 mV/kN。

仪器测得该传感器输出的电压信号，在软件中直接输入传感器的实际灵敏度，将工程单位设为实际物理量如kN，软件就能直接显示实际物理量变化值，如10 mm，20 kN等。

4 常见问题与注意事项

4.1 常见问题解决方法

见表3.2-2。

表3.2-2 仪器常见故障

序号	故障现象	故障原因	排除方法
1	未检测到数采箱	数采箱电源未打开	接通电源
		扫描不到设备	保证计算机的IP地址在192.168.0.×××内
		计算机IP地址设置错误	在软件中的网络设置中，点击查找设备，注意将计算机IP地址设为目的IP地址，重启软件

续表

序号	故障现象	故障原因	排除方法
2	系统不能正常工作	网络电缆未接，系统连接中存在短路或断路及插头座之间接触不良	重新全面认真检查系统，再连接一次
3	测量结果不稳定，存在时好时坏现象	①交流电源电压超过额定范围；②应变计电阻接触不良；③测试现场存在强的电磁场干扰源	用交流电压表检查供电压，如不在额定范围，还需加接交流稳压源； 采用边采边查，分别用手轻压工作或补偿电阻应变计，轻拉动连接导线与采集箱的焊接点。如有影响，则重新牢接一次； 分别查找影响干扰源，如有强电磁场干扰源，则分别关闭后再采集，如干扰排除，则测试时间应避开强电磁场干扰； 屏蔽线与仪器的地良好连接
4	测量结果漂移偏大，存在测量值时大时小现象	①工作或补偿应变计绝缘程度偏低＜500 mΩ；②连接长导线受潮；③测试环境温差太大	①增加绝缘度； ②更换到较干燥的环境测量
5	自动平衡未成功，存在正或负超值不平衡现象	使用工作电阻应变计与补偿器电阻应变计，阻值误差超值；连接电阻应变计的长导线长度不等，引起测量和补偿之间的阻值超值	使用惠斯通电桥或数字万用表，分别检查电阻应变计及长导线电阻，如发现超值，则需要更换应变计或长导线

4.2　注意事项

Windows 7 系统在安装软件时，需要设置防火墙，详情如下：

(1) 在“控制面板”中选择“Windows 防火墙”。

(2) 选择“允许程序或功能通过 Windows 防火墙”功能，如图 3.2-18 所示，进行防火墙设置。

进入防火墙设置界面，将软件设为“允许程序通信”；设置完成后点击“确定”保存设置。如图 3.2-19 所示。

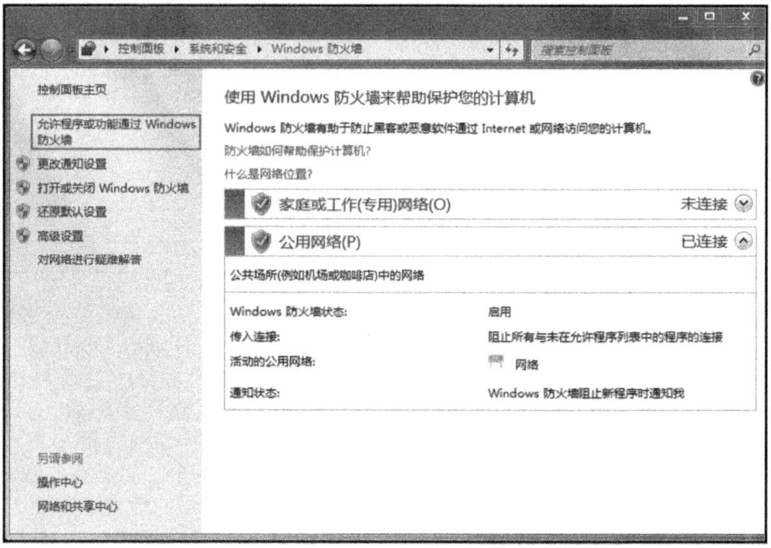

图 3.2-18　防火墙设置

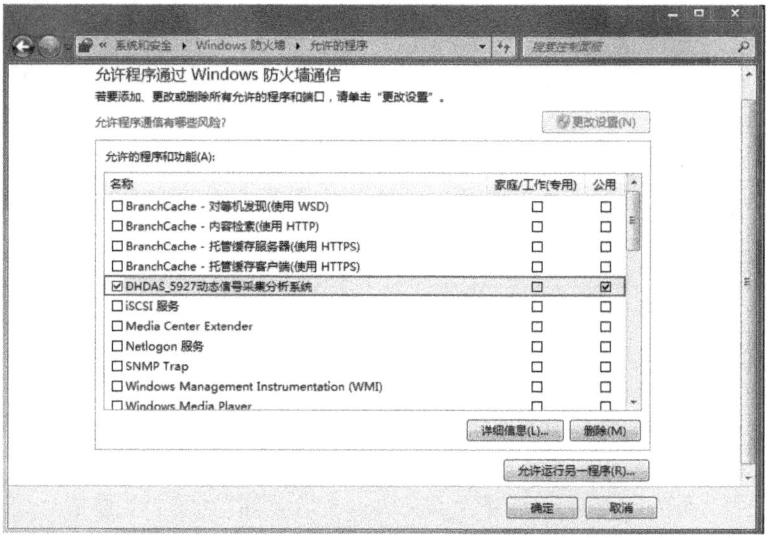

图 3.2-19　防火墙通信设置

第三节　优泰动态信号分析系统

1　系统概况

1.1　系统硬件

uTekL 优泰动态信号分析系统，内置（或外接）各种信号调理模块，实现加速度、速度、位移、应变、压力、流量、力等物理量的综合测试，以及桥梁、楼宇、船体等结构和机械模态分析；很大程度上满足用户对性能及便携的要求，适用于实验室和现场工程测试。软件具有超大容量连续数据采集、三维谱阵、相位谱、相位差谱、波形包络、高精度阻尼计算、文件转换等功能（图 3.3-1）。

智能六维力/力矩测试系统主要包括数据采集器（uT3408FRS-DY）、六维力/力矩传感器（YD-3606M）、动态信号采集分析系统软件（uTekSs）、动态信号采集控制测试系统软件（uTekAcqu）、软件驱动狗等。

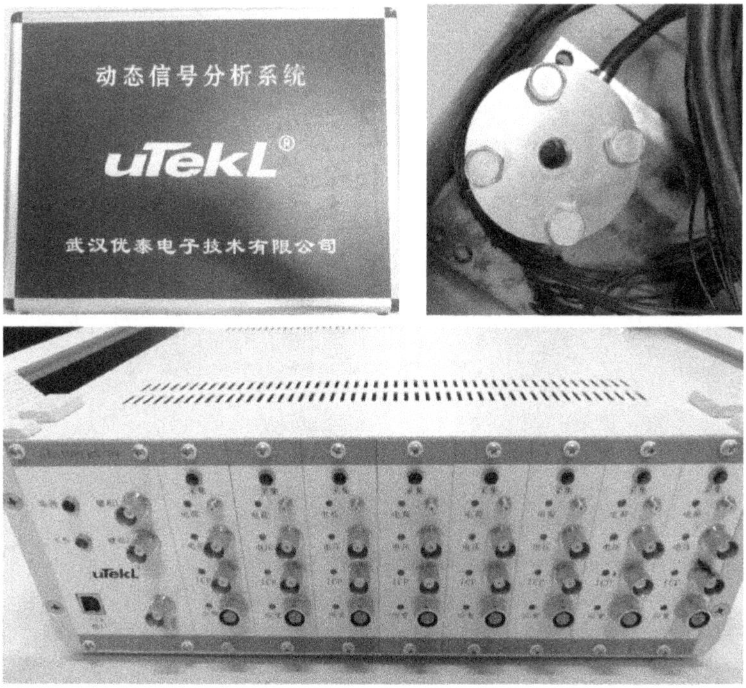

图 3.3-1　动态信号分析系统

设备基本信息

(1) 设备型号:uTekL。

(2) 系统配套:数据采集器(uT3408FRS-DY 1 台)、六维力/力矩传感器(YD-3606M 1 支)、优泰动态信号采集控制软件(uTekAcqu 1 套)、优泰数据采集与分析软件(uTekSs 1 套)、分析软件驱动狗(1 件)。

(3) uT3408 数据采集器技术指标。

动态范围:120 dB;

采样频率:0.128 kHz～128 kHz 可选;

输入电压范围:±10 V;

电源供电方式:①AC 200～240 V,50 Hz 供电;②直流电供电(DC 9～20 V);

幅值精度误差:0.1%;

频率精度:高于 0.001%;

工作环境温度:－20 ℃～60 ℃。

1.2 数据采集器说明

uT3408 数据采集器,其尺寸为 21 mm×15 mm×5 mm,单台 8 通道模拟,2 通道相位,模拟通道支持电压、ICP、电荷、应变等传感器信号输入(图 3.3-2)。数据采集器正常工作时,具有以下特点:

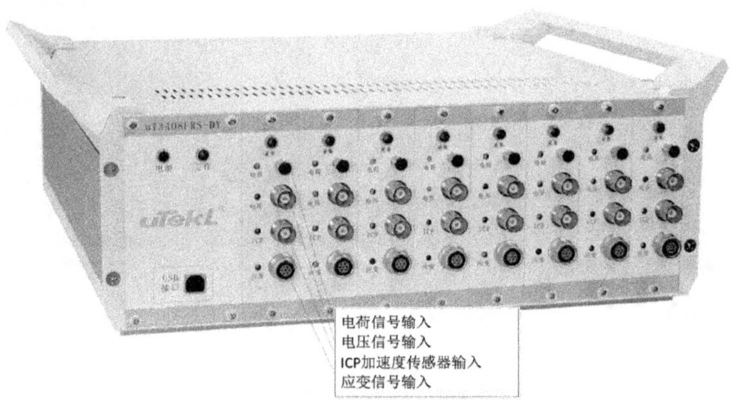

图 3.3-2　数据采集器

(1) 电源指示灯,接通电源指示灯亮。

(2) 采集器工作灯,开始采集时工作灯亮。

(3) USB 接口通过 USB 线连接电脑。

(4) 采集指示灯,开始采集时指示灯闪烁。

(5) 电荷是电荷信号输入,电压是电压信号输入,ICP 是 ICP 信号输入,应变是应变信号输入,根据传感器的不同类型选择输入接口,六维力/力矩传感器 YD-3606M 选择电荷输入。

1.3 仪器连接

六维力/力矩传感器 YD-3606M,通过信号线连接数据采集器 uT3408FRS-DY 的电荷输入口,通过 USB 线把数据采集器 uT3408FRS-DY 和计算机连接。

2 系统软件

系统软件分为动态信号采集控制软件(uTekAcqu)和数据采集处理与分析软件(uTekSs)。uTekAcqu 是针对 uTekL 电子(uTekL)的动态信号采集系统开发的一套基于 Windows 环境的专用采集软件,该软件主要负责存储动态信号数据采集系统采集到的时域数据。uTekSs 主要是对采集到的数据进行处理和分析。

软件支持 Windows10、Windows 7、Windows Xp,简体版、繁体版、英文版等版本操作系统,软件文字可根据自己需求在中文、简体、繁体,还有英文中切换。

2.1 uTekAcqu 软件安装

打开电脑中的软件安装包,双击"setup. exe"文件,出现安装选择界面(如图 3.3-3 所示),点击"下一步",进入"许可证协议"页面,选择"我接受许可证中的条款",再点击"下一步",进入"功能选择"页面,直接默认不需要勾选任何选项,直接点击"下一步"即可将勾选的软件包安装到计算机硬盘上,并且自动创建桌面快捷方式。双击打开软件,软件主界面如图 3.3-4 所示。

图 3.3-3 选择安装软件

2.2 软件主界面功能介绍

软件运行主界面，主要分为三大区域，菜单工具栏区、对象视图与属性区、显示与操作区，如图 3.3-4 所示。

菜单工具栏区，位于软件主界面上部区域，主要功能是提供基本的菜单功能选择。

对象视图与属性区，位于软件左侧区域，软件引入了“模块对象”的概念，任何一功能模块的开启，都可以在“对象视图”相应的节点位置找到该对象，例如如果设备连接后，可以在“采集设备”节点下找到该设备节点，新建工程后可以在“项目工程”中找到该工程节点。用户左键点击这些节点后，可以在“属性”视图中看到该对象的相关属性。而使用右键点击这些对象，则可弹出该对象的相关功能操作菜单。这样给用户提供更直观和层次更分明的系统功能操作。

显示与操作区，是各模块的显示和操作区域，如“波形图”“轨迹图”“统计值列表”等分析显示模块。

2.3 软件功能操作

在使用 uTekAcqu 软件时，首先需要连接采集设备，再新建（或打开）工程，选择或设置参数，主要设置传感器类型、传感器灵敏度，还有采样频率，并对采集数据进行处理和分析。

uTekAcqu 软件模块主要有工程采集模块、棒图分析模块、波形图分析模块、频谱分析模块、趋势图模块和统计值列表模块。

2.3.1 采集设备连接

USB 设备必须先把设备和计算机连接好，并安装好采集设备和软件狗的驱动，然后才能针对设备进行连接操作，具体步骤如下：

（1）先打开设备，在计算机桌面上找到“我的电脑”，图标上点击鼠标右键，选择“设备管理器”，打开，看到黄色问号图标，在上面点击鼠标右键，选择更新驱动软件，选择手动更新，在软件安装目录下找到驱动安装文件夹，选择“uT3400”文件夹，根据电脑系统类型进行驱动更新，更新完成设备即可使用。

（2）软件狗的驱动安装如上，最后选择驱动时找到软件狗的驱动文件夹即可。

（3）设备驱动和软件狗驱动安装成功后可直接打开 uTekAcqu 软件模块进行下一步操作。

2.3.2 新建工程

文件分为工程文件（*.utp）、数据文件（*.utd）和数据文件（*.ute）。工程

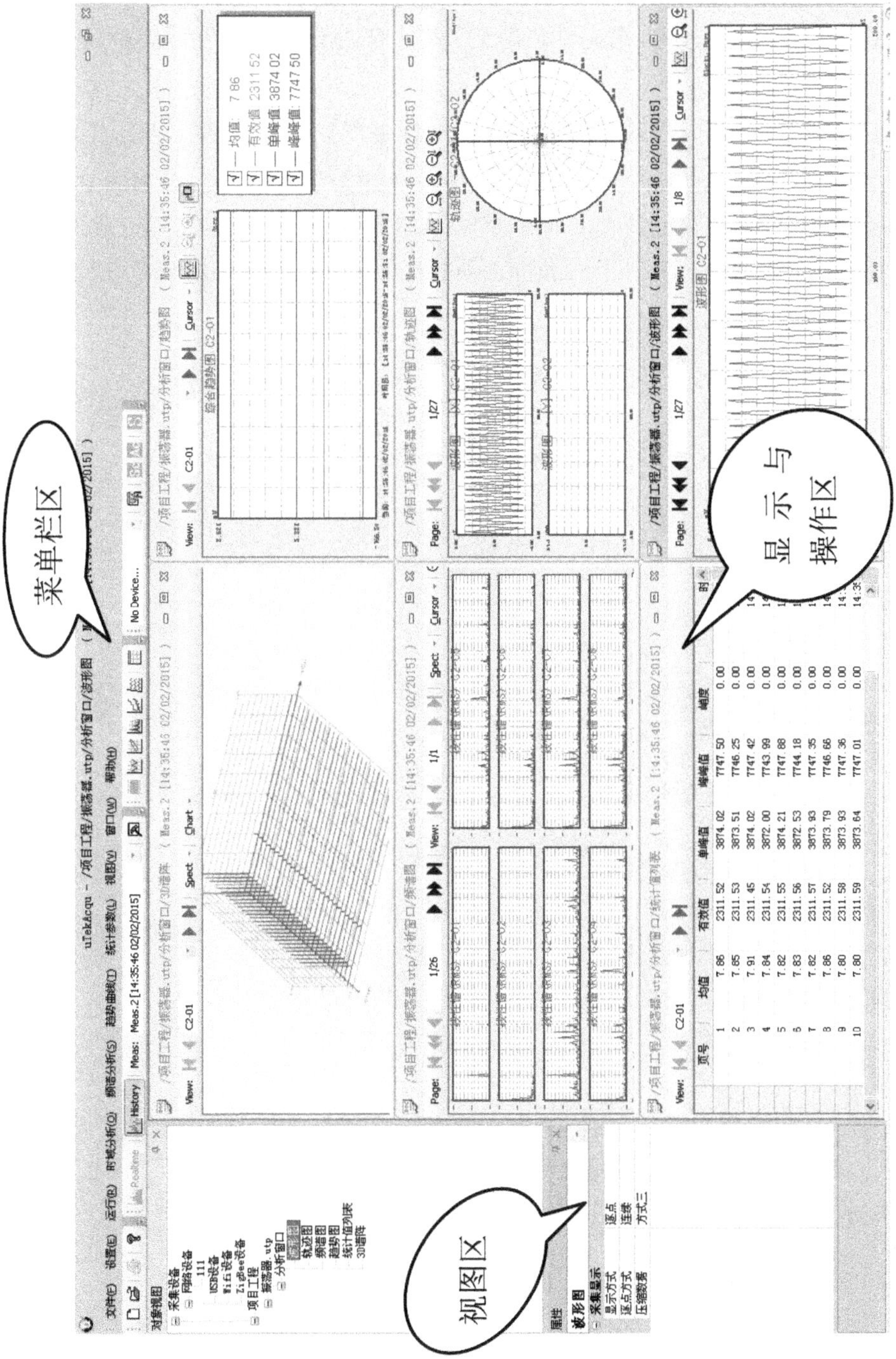

图 3.3-4　动态信号采集控制软件(uTekAcqu)登录界面

文件(＊.utp)定义了采集工程的工程类型、工程文件版本以及测量文件列表；数据文件(＊.utd)包括采集到的原始数据以及经过分析处理后的数据；数据文件(＊.ute)是标准的 uTekL 原始数据文件，uTekL 其他专用分析软件可直接对其进行读取分析。

点击菜单栏“文件”—“新建工程”或者工具栏中的按钮，弹出新建工程对话框，如图 3.3-5 所示。选择好工程类型(默认工程类型为“通用采集”)和当前工程所使用的采集设备，当没有采集设备时将不能创建采集工程，请先保证设备正确连接。输入“工程名称”和“工程位置”(注：工程位置即工程的存盘路径)，然后点击“确定”按钮。

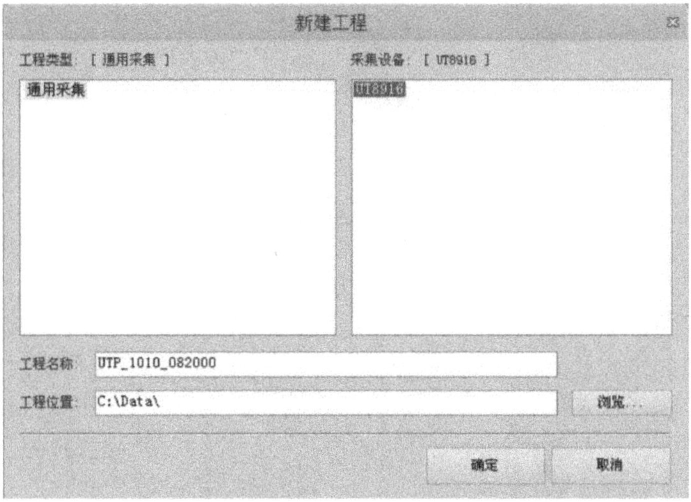

图 3.3-5　新建工程

如果工程新建成功，此时可以看到左侧“对象视图”中的“项目工程”树节点下新添加了该工程的相关节点对象“UTP_1010_082000.utp”。“UT8916”采集设备节点，并且默认打开“波形图”显示窗口，如图 3.3-6 所示。

打开工程时，选择“打开工程”对话框中对应工程目录，选择工程列表中＊.utp 工程文件，点击确定即可。如果该软件支持该工程类型，该工程即会添加入“对象视图”中“项目工程”节点下。

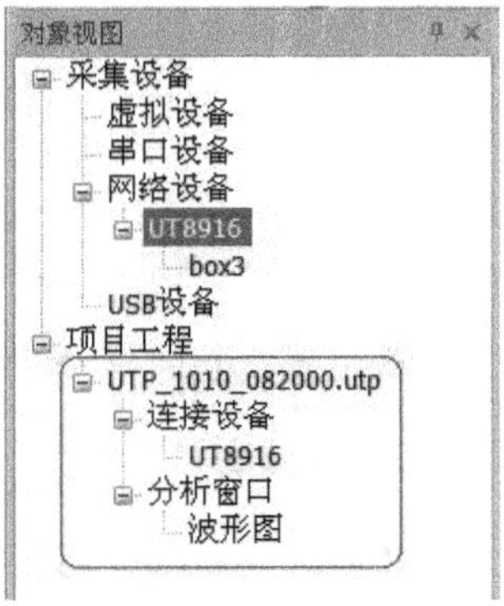

图 3.3-6　项目工程显示

2.3.3　参数设置

新建工程后，可进行参数设置，主要设置内容包括：

通道使能设置，采集频率设置，采集控制等。点击工具栏中的“参数设置”按钮；或者双击“对象视图”中该工程绑定的设备对象节点（如图 3.3-7）。弹出采集设备的“参数设置”对话框（如图 3.3-8），对该采集设备进行相关设置。

图 3.3-7　选择设备

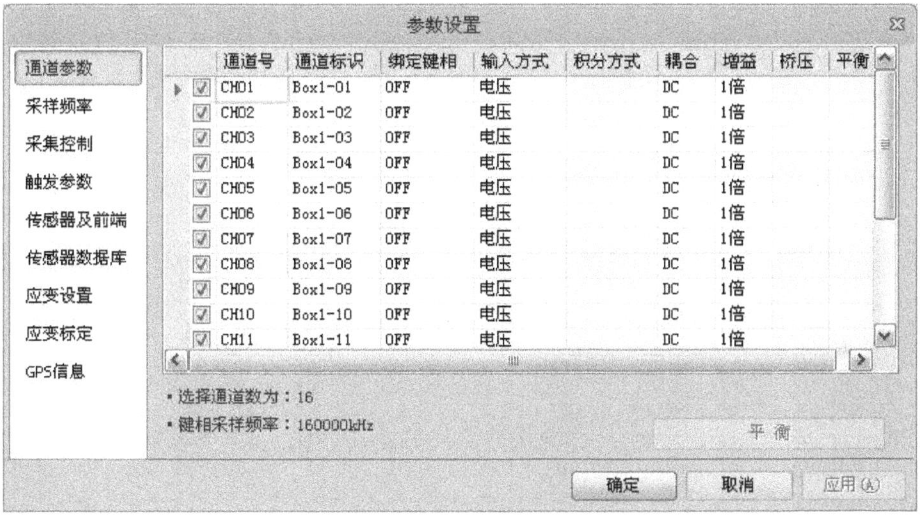

图 3.3-8　参数设置

2.3.4　数据分析与处理

当参数设置完成后即可在设备控制工具栏中，对下拉框中的设备进行“示波”“采集”“停止”等控制。“示波”主要是检测采集信号是否正确来判断设备是否工作正常，如果工作正常，则可进行数据采集，每采集完一次就会生成一个测量文件。

双击工程文件对象(如 UTP_1010_082000.utp)或点击鼠标右键,在弹出的右键菜单中选取"波形图",如图 3.3-9 所示,可以对该测量数据进行分析显示。对于同一个工程可以进行多次测量,每次测量是相对独立的,对该测量的参数设置不会影响到其他测量数据。在进行各种视图分析时,默认打开最后一次的测量数据,如果要打开该工程前期测量数据,请在测量列表下拉框中进行选择,如图 3.3-10 所示的波形图分析。

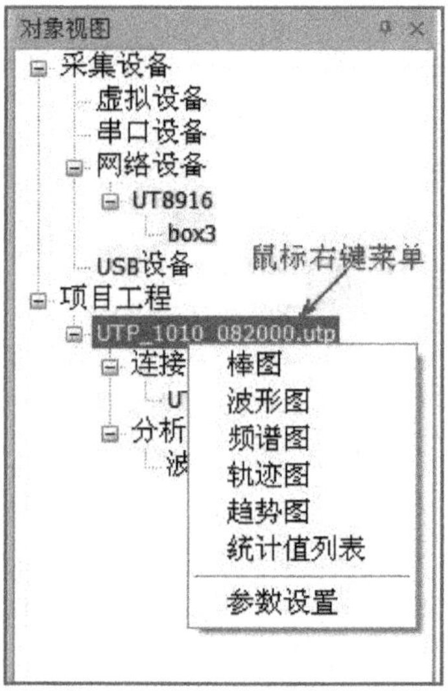

图 3.3-9　数据分析选择

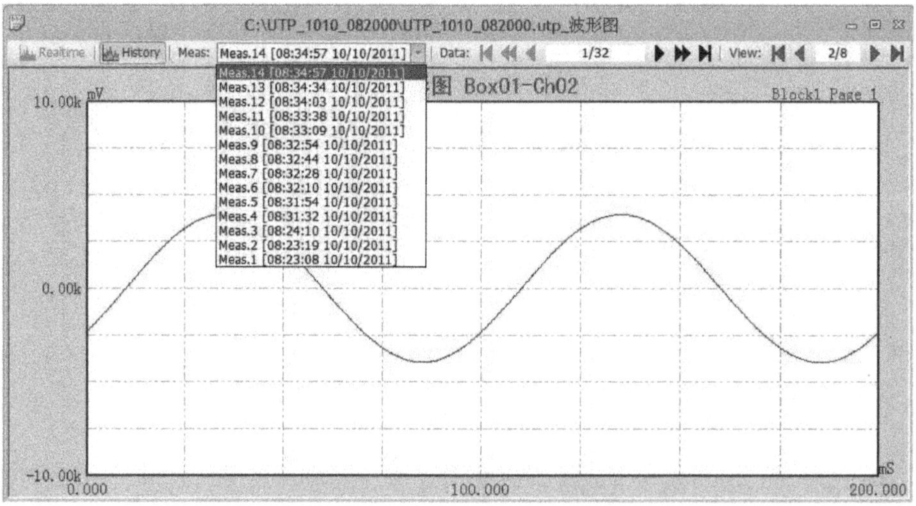

图 3.3-10　前期数据示波分析

2.3.5　工程测量列表

当前工程进行过多次测量后，可以双击工程文件对象（如 UTP_1010_082000.utp）或点击鼠标右键，在弹出的右键菜单中选取“参数设置”，随后会弹出测量列表设置对话框（如图 3.3-11）。此时，可对已完成的测量更改“测量名称”或增加“测量描述”，以方便查看数据。

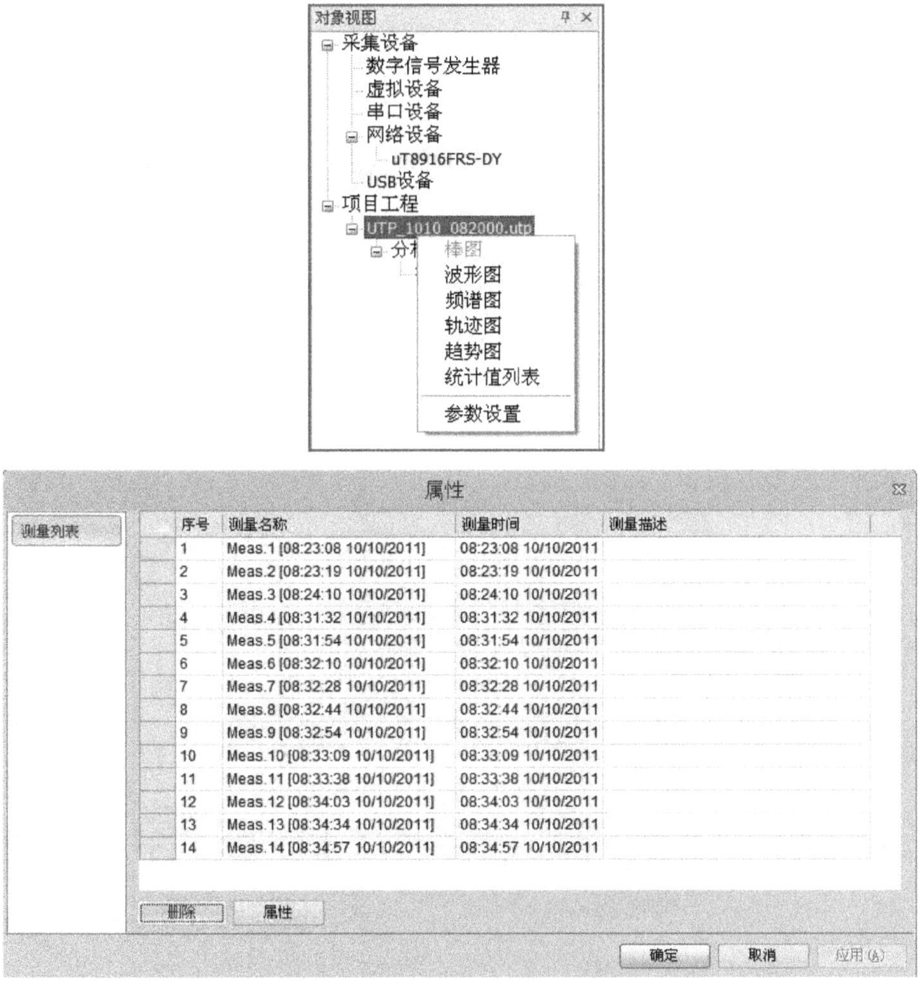

图 3.3-11　工程测量列表设置

在测量列表中选中一个测量对象，可以进行“删除”和“属性”操作。“属性”操作是对该测量的一个参数设置，不同的工程文件，其测量的属性也会稍有不同。

第四节　六自由度运动平台

1　系统概况

六自由度运动实验平台及测量系统可以模拟正弦波、余弦波、地震波、各种海浪谱、白噪声、拍波以及自定义波的运动(既可以模拟单个自由度运动也可以模拟六自由度耦合运动)。

1.1　系统硬件

六自由度运动实验平台及测量系统，平台系统由采用的 Stewart 六自由度运动平台、计算机控制系统、驱动系统等组成。六自由度运动平台(如图 3.4-1)放置于港建楼结构实验室内，其下平台与地面固结，上平台为承载平台，它由六只电动缸支撑，电动缸与上平台和固定基座均采用六个虎克铰连接。

计算机控制系统通过协调控制电动缸的行程和回转电机输出角度，实现运动平台的回转平台回转及六个自由度的运动，即笛卡尔坐标系内的三个平移运动和绕三个坐标轴的转动。

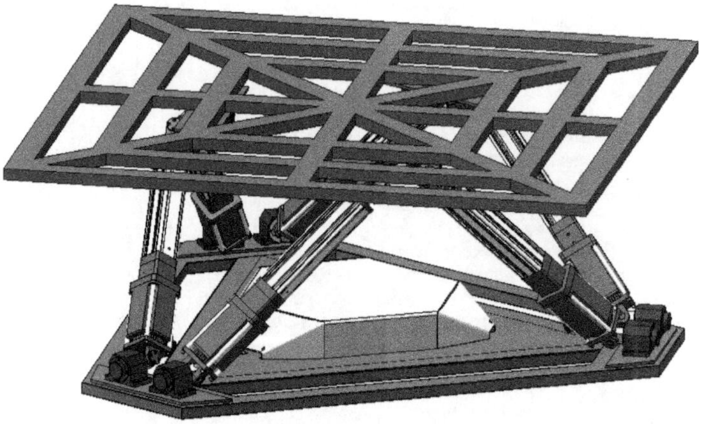

图 3.4-1　六自由度运动平台

六自由度运动平台工作原理，如图 3.4-2 所示，运动平台本体为一台六自由度并联机构，在控制系统检测和控制下运行。控制系统监控单元负责人机界面交互，接受用户操作指令，并将控制信号下达给实时控制计算机。

首先，用户输入期望的运动参数(运动平台位姿)，如 X 向正弦运动。该运动参数传输给运动控制计算机，运动计算机通过运动学反解计算出六个电动缸的运动参数(电动缸位移量);然后,运动计算机根据六个电动缸运动参数和六个电动缸的位移反馈量,驱动六个伺服控制器,实现六个电动缸闭环位置控制,使六个电动缸达到所要求的位移量,那么运动平台也就达到了所期望的运动姿态。

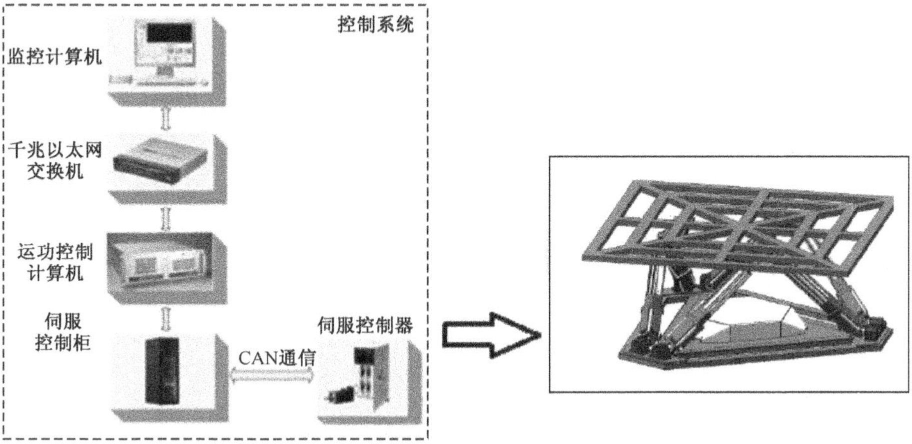

图 3.4-2 系统原理框图

设备基本信息

(1) 设备型号:MTC-150606。

(2) 设备硬件组成:运动平台、Ship Motion Control(SMC)仪器、运动控制计算机、监控计算机、全数字电机驱动器、数字输入输出模块、CAN 总线通信模块、嵌入式操作系统、控制软件和监控软件等。

(3) 技术指标。

额定有效载荷:1 000 kg;

平台尺寸及安装面:2 m×2 m;

运动技术指标如表 3.4-1

表 3.4-1 六自由度运动平台运动技术指标

	自由度	位移或角度		速度	加速度
		行程	分辨率		
产品性能	纵倾	±20°	0.1°	40°/s	±300°/s²
	横倾	±20°	0.1°	40°/s	±300°/s²
	偏倾	±20°	0.1°	40°/s	±300°/s²
	垂荡(*Z*)	±180 mm	0.1～0.3	400 mm/s	5 m/s²
	横荡(*X*)	±200 mm	0.1～0.3	400 mm/s	5 m/s²
	纵荡(*Y*)	±200 mm	0.1～0.3	400 mm/s	5 m/s²

动态性能指标：阶跃响应（频率为 0.2 Hz）时间不大于 0.05 s；固有频率大于 50 Hz，工作频率范围：0～20 Hz；

供电要求：电压 380 V，波动范围：－10％～＋10％；频率 50 Hz，波动范围：－5％～＋5％；供电功率：12 kW。

1.2　系统软件

对运动控制计算机性能要求较高。（1）计算机处理器必须采用工业级性能稳定可靠的主控芯片，且有足够的片内存储器。（2）主控制器须有丰富的外设，可以方便快捷地搭建硬件平台，简化硬件设计，提高硬件系统稳定性。（3）需要具有以太网、CAN 通信、串口通信等常用的通信外设接口。

软件功能，能实现平台基本逻辑操作，具有单步运动、正弦运动、复合运动、单缸运动等功能，具有状态（位姿、速度）检测功能、运动曲线绘制功能等。六自由度力与力矩计算功能，可用于计算上平台负载的六分量力与力矩。

2　系统软件

软件安装时，需要关闭上位机防火墙，设置上位机 IP 为“192.168.0.131”，点击安装文件执行程序“MTSixDOfCtrl.exe”，上位机程序打开如图 3.4-3 所示。

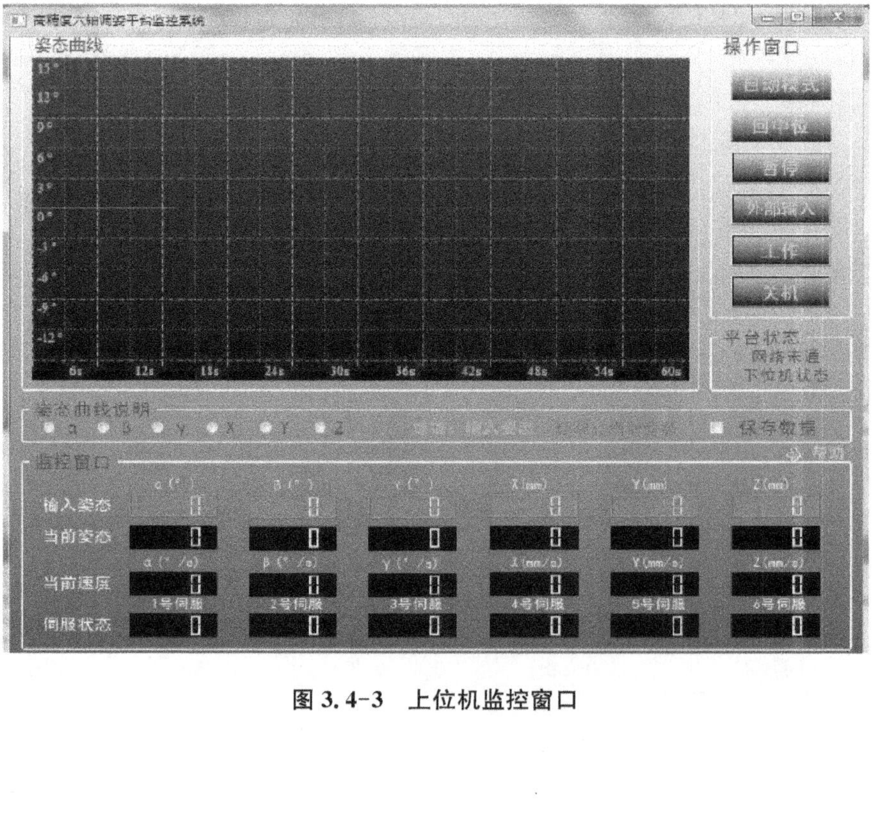

图 3.4-3　上位机监控窗口

2.1 参数设置

平台运行状态值说明如下：

0—平台向下运动，寻找底位；

1—平台升起状态；

2—平台已升起，进入中立位；

3—平台准备完毕，进入工作状态即跟随状态；

55—平台处于底位状态。

2.2 软件操作步骤

软件操作前，要先准备平台。待平台运行到中立位后，再通过上位机软件控制平台。软件主界面如图 3.4-4 所示。

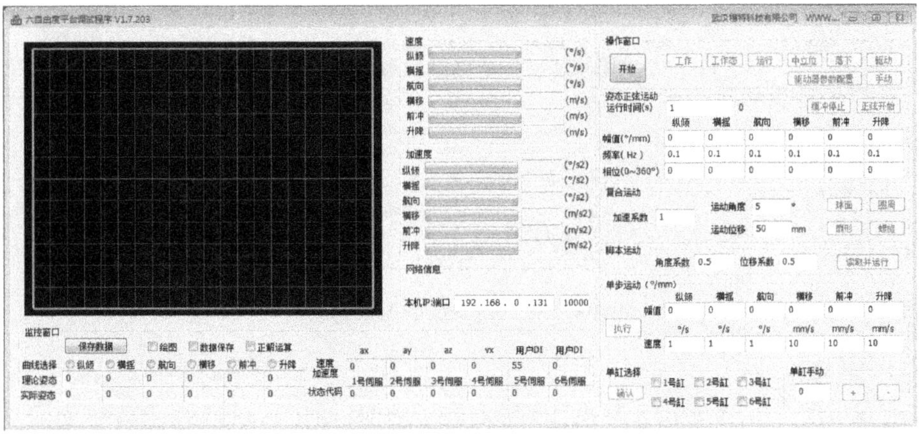

图 3.4-4 软件主界面

(1)开机后，等待平台运动到中立位，点击“开始”“工作”。

(2) 待平台运行到中位后，下位机状态显示为“中立位”，平台返回值为 2，即中立位，默认工作方式为“自动控制方式”。平台进行相关运动前，先点击“运行”使平台返回值为 3，若返回值为 2，平台不响应相关操作。

(3) 若平台要回到中立位，点击“回中位”按钮即可，此时平台返回值为 2，即中立位状态。变换运动前务必先点击“中立位”，等待平台回中立位后再进行操作。

(4) 平台在运动过程中，可通过点击“暂停”按钮，使平台暂停在当前位置，点击“恢复运行”，平台继续运行。

(5) 平台使用完毕后，点击“停机”按钮即可。

2.3 基本动作实现方法

1. 演示窗口

演示输入窗口，可进行单轴运动和多轴复合运动，先让平台回到中立位，对于单轴运动，如图 3.4-5 所示输入幅值和频率后，点击“正弦开始”，平台开始做单姿态的正弦运动；对于复合运动，如图 3.4-6 所示，点击复合运动按钮即可，以作测试平台性能之用；由一种运动模式切换到另外一种工作模式，先发送回中位指令，再执行下一步指令。

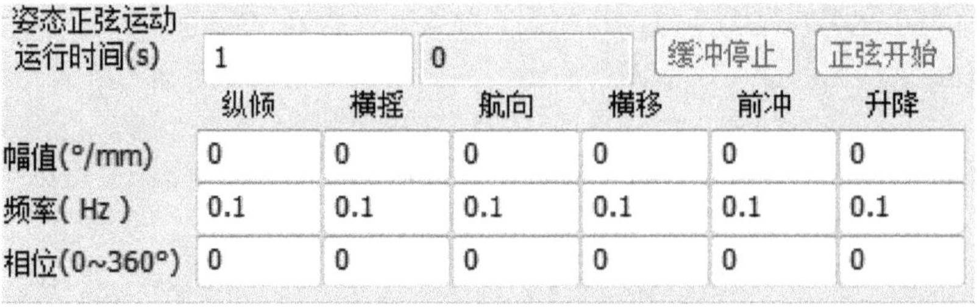

图 3.4-5　单轴运动演示窗口

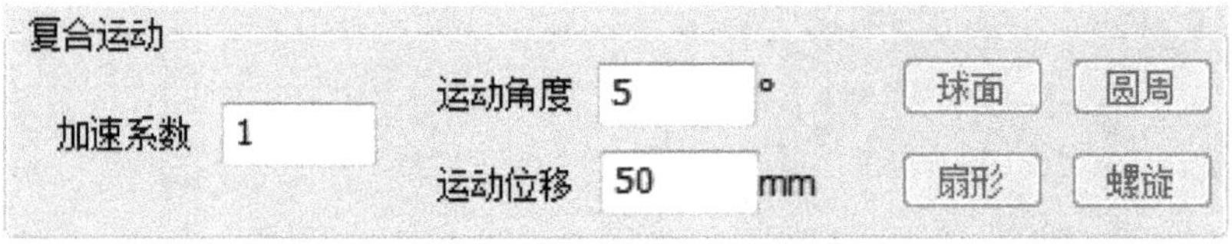

图 3.4-6　复合运动演示窗口

2. 监控窗口

监控窗口，如图 3.4-7 所示，平台的实际姿态，伺服电机的状态可以实时地返回给上位机，以便及时监控。

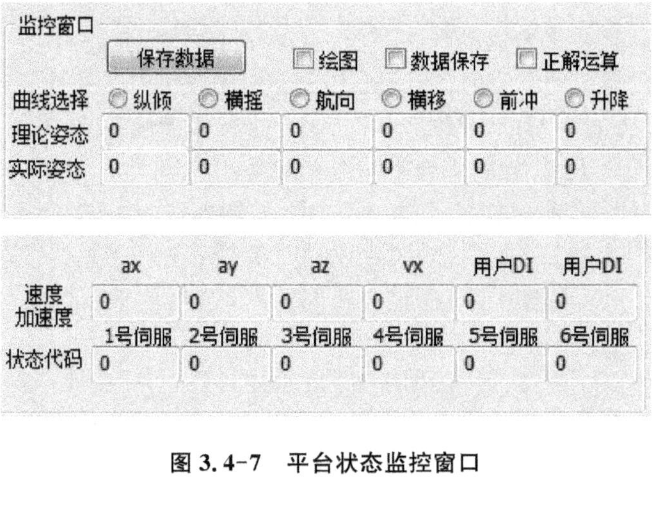

图 3.4-7　平台状态监控窗口

3. 单步运动

单步运动，如图 3.4-8 所示，待平台回到中立位后，输入指令姿态和速度后，平台可以实现任意几个姿态的单步运动。

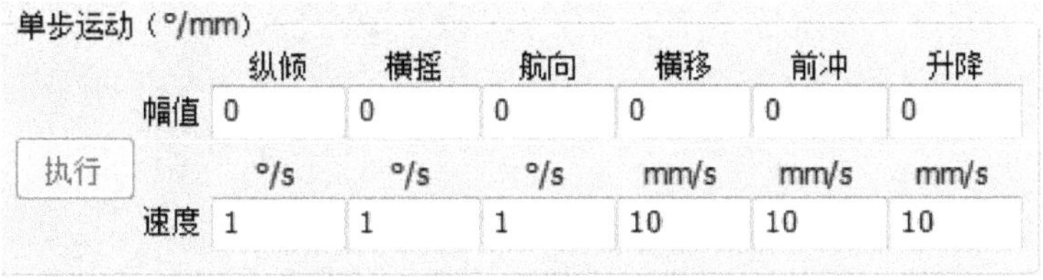

图 3.4-8 单步运动操作窗口

2.4 上下位机通信协议

本平台的通信协议为 UDP 协议，上位机以 10 ms 的间隔时间，不间断地向下位机发送“发送数据结构体”的数据包，下位机也会以 10 ms 的间隔时间，不间断地向上位机返回“接收数据结构体”的数据包。

下位机固定 IP：192.168.0.125，端口号：5000，标志位 55，发送数据结构体如下：

```
typedef struct
{
  BYTE mCheck;   //标志位(默认为 55)
  BYTE mCmd;     //上位机发送的命令值
  BYTE mAct;     //特效(默认为 0)
  BYTE mRev;     //DO(DO 控制字，最多 8 个 DO 输出，采取位控制方式，例如值为 3，那么 DO1 和 DO2 高电平，默认为 0)
  float mDOFs[6];   //六个姿态(α 纵倾，β 横摇，γ 航向，X 横移，Y 前冲，Z 升降)
  float mVxyz[3];   //速度(默认值为 0)
  float mAxyz[3];   //加速度(默认值为 0)
}DataToDOF;
```

注：角度姿态（α 纵倾，β 横摇，γ 航向）单位为度，位移姿态（X 横移，Y 前冲，Z 升降）单位为米。

上位机发送的命令值的具体含义如下：

```
{
    mCmd=0,     //运行状态，可正常发送运动参数
    mCmd=2,     //平台在运动过程中任意姿态立即运行到中位
    mCmd=6,     /平台初始化或平台由底位上升到中立位
```

```
mCmd=7,        //平台由中立位落到底位
mCmd=8         //保留
};
```

上位机固定 IP:192.168.0.131,端口号:10000,标志位 55,上位机接收数据结构体如下:

```
typedef struct
{
  BYTE mCheck;        //标志位(默认为 55)
  BYTE status;        //下位机返回的状态值
  BYTE mAct;          //特效(默认为 0)
  BYTE mRev;          //DI(DI 状态显示,最多显示 8 个 DI 状态,采取位读取方式,例如值为 3,那么 DI1 和 DI2 高电平,默认为 0)
float attitude[6];    //下位机实际姿态
float para[6];        //驱动器状态
float motor_code[6];  //电机实际码值
}DataToHost;
```

下位机返回的状态值的具体含义如下:

```
enum NET_CMD
{
  status=0,           //平台初始化过程中
  status=1,           //平台正在运动到中位或从中位运行到底位,此时不响应上位机
  status=2,           //平台在中位
  status=3,           //平台处于工作状态,可正常发送运动参数
  status=55,          //平台处于最低位
};
```

平台上电后,上位机必须先发控制命令 6 使平台初始化,此时平台返回状态为 0。

初始化完成后,平台会自动上升到中位,此时平台返回状态为 1。

平台升到中位后,平台的返回状态为 2。

上位机再发控制命令 0 使平台处于运行状态,此时平台返回状态为 3。

2.5 平台关闭

点击"落下"按钮平台会先回中立位,然后再向下运动到底位。等待平台落到底位,上位机返回状态为 55 后,关闭上位机软件,关闭平台电源即可。

3　常见问题与注意事项

3.1　常见问题

若出现软件失控或平台返回状态不对等情况，可以立即按下红色紧急停止按钮，关闭本软件，关闭平台电源，等待几秒后，恢复急停按钮重新给平台上电，点击“开始”“工作”，平台会自动寻找底位，寻到底位后，平台初始化上升到中立位，即可再进行相关操作。

3.2　注意事项

（1）使用平台前务必先检查线路是否连接正常，公共机 IP 是否设置正确。

（2）平台上升初始化时不响应相关操作，需等待到达中立位后再进行操作。

（3）平台进行一项运动时，若要紧急停止或进行另一项运动，需点击“中立位”让实验台返回中立位后再进行其他操作。

（4）每次操作前需点击运行按钮（或硬件跟随按钮）确保平台进入正常运行状态（跟随状态）。

（5）为确保安全，平台只能同时进行一项运动，若要切换操作，可点击“中立位”让实验台返回中立位后再进行其他操作。

（6）当平台运行异常时，立即按下红色紧急停止按钮。

第四章　护舷缆力与船模测量系统

第一节　护舷缆力采集系统

1　系统概况

1.1　系统硬件

护舷缆力采集系统主要用在船舶系泊模型试验中，测量船对护舷的挤靠力、挤靠能量以及船舶系缆力。一个护舷传感器，由一个力传感器和一个变形传感器组成。力传感器测量撞击力的过程线，变形传感器测量护舷的变形，根据变形曲线计算撞击能量。缆力传感器则直接测试缆绳所受拉力。

护舷缆力采集系统是由计算机、采集仪、USB总线和护舷或缆力传感器组成的数据采集和数据处理系统。采集卡是工业级的USB2817D模块，16位精度，模块采用USB总线供电，传感器靠采集仪供电(图4.1-1)。

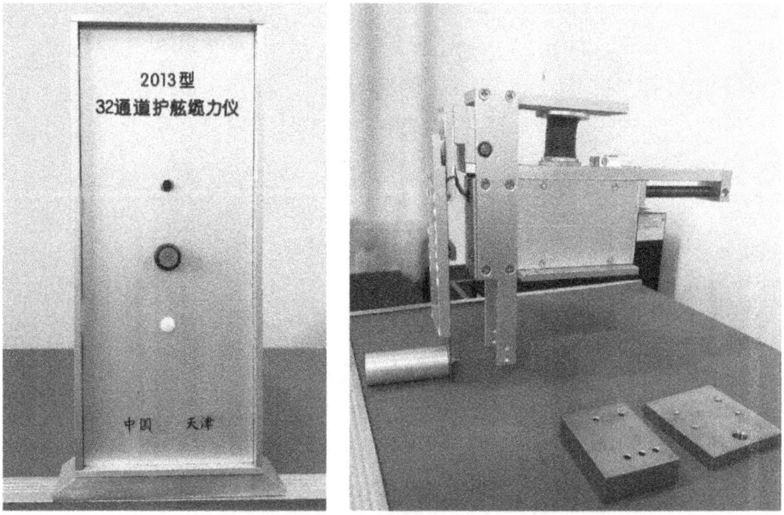

图4.1-1　护舷缆力采集系统及护舷传感器

设备基本信息

(1) 设备硬件组成：采集箱(32×2 通道)、电源线(1 根)、通讯线(1 根)、护舷传感器、缆力传感器、连接线等。

(2) 技术指标：精度等级 0.05%(F·S)；通道数为 32×2 通道；采样频率：1 kHz(最大)；供电电压 12 V，20 W；工作电压 220 V；温度漂移±0.02%(F·S/℃)，使用温度−10～40 ℃；采集软件支持 Windows 32 位及以下系统。

1.2　USB 系统软件

护舷缆力采集系统的软件，使用前必须安装 USB 驱动程序，32 位系统可以直接接入仪器 USB 电缆到计算机，此时计算机会提示发现新硬件，导入 INF 目录的驱动程序即可完成驱动安装。64 位系统驱动安装时，首先确保采集仪的 USB 电缆没有连接到计算机，打开 APP 目录，点击运行 USB20D_Setup 程序，系统会安装 USB 驱动到计算机，重新启动系统，连接采集仪的 USB 电缆到计算机，系统会自动安装驱动程序，这时设备管理器里会正常显示 2817D 的硬件信息。

2　系统安装

2.1　软件安装

软件不需要安装，采集箱开机，直接双击主程序运行即可进入主界面，程序显示采集箱工作正常。选择测点，并将所有测点调零，采集数据并存盘。数据处理，可以观测每个测点的实测值(图 4.1-2)。

传感器出厂时已经过严格的率定，在日常实验中如使用、维护得当应不需要重复率定，所以这个传感器率定动能在实验中很少用到。在软件操作过程中对这个传感器率定动能要格外注意，一旦改变传感器的率定系数，则会影响实验精度。

图 4.1-2　系统主界面

2.2 采集软件参数选择

在主界面下要输入测点、采样间隔、采样次数、采样时间，以便进入“数据采集”界面后可利用这些参数进行数据采集。

2.2.1 设置测点

在主界面上点击“测点总数”，选择测点，如图 4.1-3 所示。

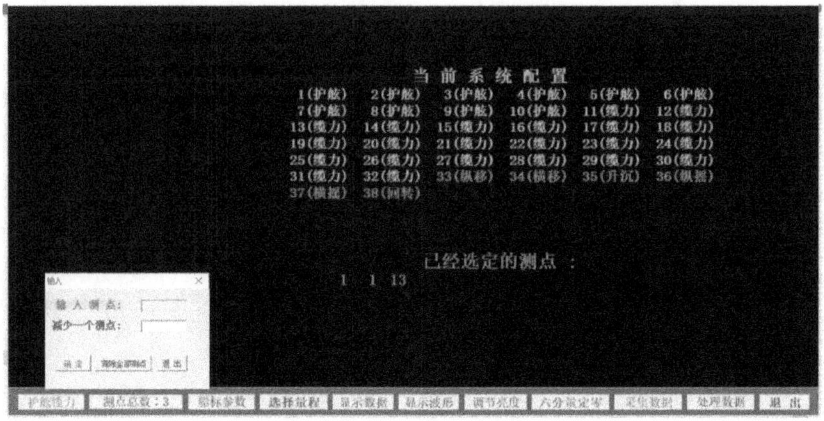

图 4.1-3　选择测点

如果选择了护舷测点，则需要在试验前模拟护舷受力及变形曲线。依次点击“护舷缆力”“模拟护舷曲线”“选择护舷型号”，进入选择护舷型号界面后选择试验所需要的护舷型号，如图 4.1-4 所示，同时设置试验比尺，设置完成后点击“确定”，进入模拟护舷曲线界面。

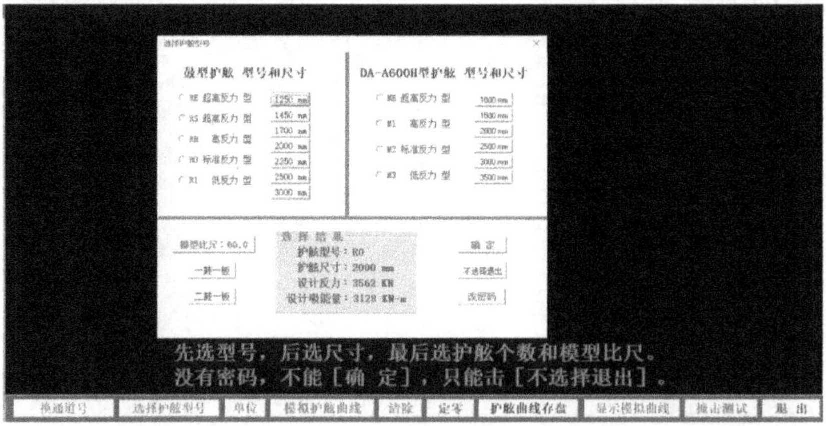

图 4.1-4　选择护舷型号

进入模拟护舷曲线界面后，如图 4.1-5 所示，蓝色及黑色曲线为选择的护舷型号理论曲线。在护舷传感器后部配重，然后推传感器的撞击头，随后出现红色实测模拟曲线，必须使得传感器模拟出来的受力及变形曲线与理论曲线吻合，如不能吻合，则调整配重物的重量及重心前后位置，直到推出的实测曲线与理论曲线吻合。

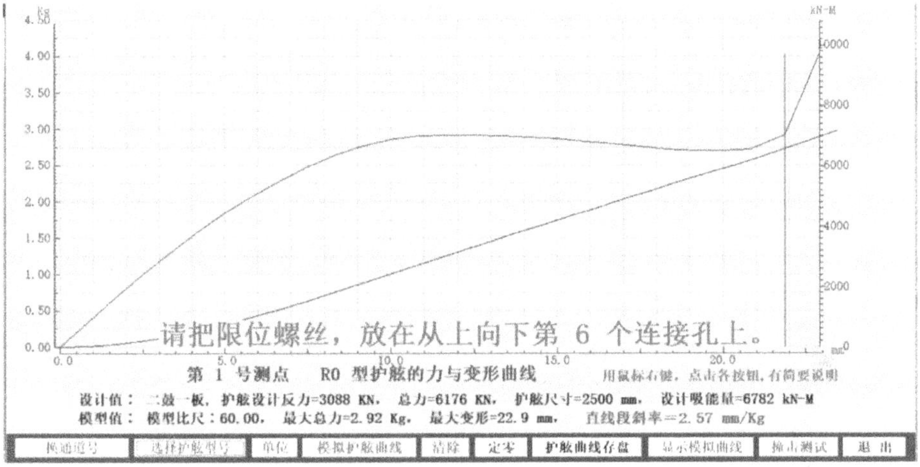

图 4.1-5 模拟护舷传感器

2.2.2 采样间隔

在主界面下单击“采集数据”按钮进入数据采集准备界面，随后点击“采样间隔”“采样次数”，对应设置采样频率及采样时间。如图 4.1-6 所示。

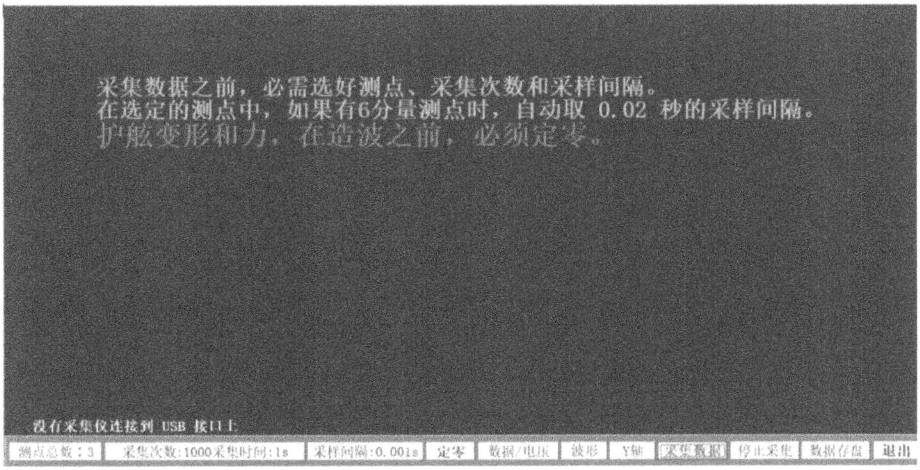

图 4.1-6 设置采样参数

2.2.3 传感器定零、定位

左键点击“定零”按钮可以对选定传感器进行软件定零，可以对某个特定的传感器定零，也可以右键对多个传感器全部定零。

2.2.4 数据采集

采集完成后，输入文件名，如 chuanmo1，选择存储目录，如 D 盘根目录，则采集数据保存在 D:\chuanmo1 中。

2.2.5 数据处理——过程线图

在主界面下选择“数据处理”，则最后一组试验数据将被分析，如需分析前期试验数据文件，则点击“取数据”，找到数据存储目录，调出数据文件进行分析。

此界面功能强大，我们可以完成如下功能：

(1) 查看采样过程线，如图 4.1-7 所示。

(2) 分析得出特征系缆力值、护舷力值、护舷变形值。

实际中根据试验所需对数据进行相应的分析，以得出我们想要的结果。

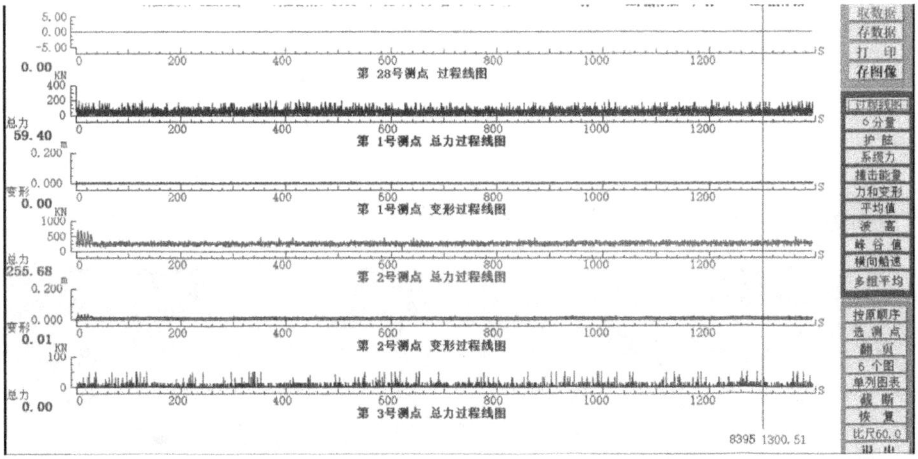

图 4.1-7 过程线图

第二节　FL-NH08K 船模运动六分量测量系统

1　系统概况

1.1　系统硬件

FL-NH08K 船模运动六分量测量系统(图 4.2-1),测试船舶的横移、纵移、横摇、纵摇、升沉及回旋六个运动分量。系统采用单一直流 12 V 电源,功耗仅 10 W,可以配合笔记本电脑在野外开展实验,可以用于研究波浪对建筑物作用的基本设备,亦可应用于海上采油平台、浮式建筑物等工程研究。

图 4.2-1　FL-NH08K 船模运动六分量测量系统

设备基本信息

(1) 设备型号:FL-NH08K。

(2) 设备主要配置:采集仪、发射器、接收器;硬件连接时,粗线连接至单独接口,细线发射器接至 T1 接口。232 信号线接至信号口。(一切连接操作请在关闭电源情况下插拔,开启电源后请勿插拔。)

(3) 技术参数。

精度:位移量 XYZ 均≤0.1 mm(RMS);转角量 $x^\circ y^\circ z^\circ$ 均≤0.2°(RMS);

分辨率:XYZ 均为 0.01 mm;$x^\circ y^\circ z^\circ$ 均为 0.03°;

采样频率设定范围:1～120 Hz/V2.0[120 Hz(MAX)/通道数]。

2 系统安装

2.1 软件安装

软件运行环境为 32 位(XP)系统，对应的安装程序为 Setup2.2.1，安装顺序为：

(1) 关闭或退出杀毒软件。

(2) 将采集文件拷贝到电脑上，并插入软件加密钥匙(即蓝色“狗”)。

(3) 安装软件狗驱动，直接点击“安装”。

(4) 安装完成后，点击 FL-NH(V2.1.1)程序直接运行。

2.2 采集软件参数选择

安装结束后双击主程序进入主界面，如图 4.2-2 所示。在主界面上可设置采样时间间隔、采集时长或采集次数，硬件连接串行口选择 COM1，在实验开始前先点击“取初始值”，相当于给传感器定零，随后点击“开始采集”进行数据采集，采集完成后，输入文件名，如 chuanmo1，选择存储目录，如 D 盘根目录，则采集数据保存在 D:\chuanmo1 中。

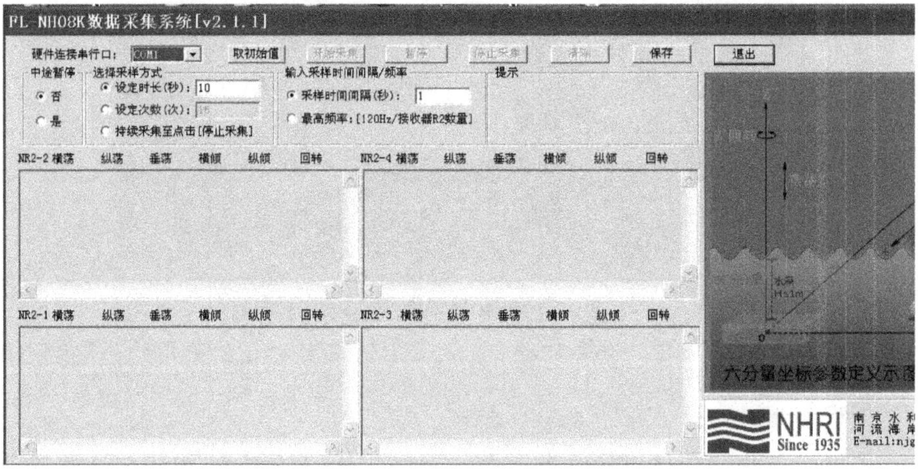

图 4.2-2 系统主界面

系统不自带分析软件，数据的分析需后期自行编辑处理。

第五章　泥沙与地形测量系统

第一节　NHRI 型无线含沙量测量仪

1　系统概况

1.1　系统硬件

无线含沙量测量仪采用透射光与侧向光补偿相结合的方法，光源可调、测量范围大、测量精度高(图 5.1-1)。无线含沙量测量仪主要由含沙量测杆、上位机软件和无线模块组成，为实时在线测量仪器。测杆部分体积小、性能稳定、即插即用，替换方便。上位机具有自动识别仪器编号，数据记录及存储等功能。含沙量测量仪数据传输方式为无线/有线传输，采用电池供电方式，布点方便。

适用范围:实验室含沙量测量。

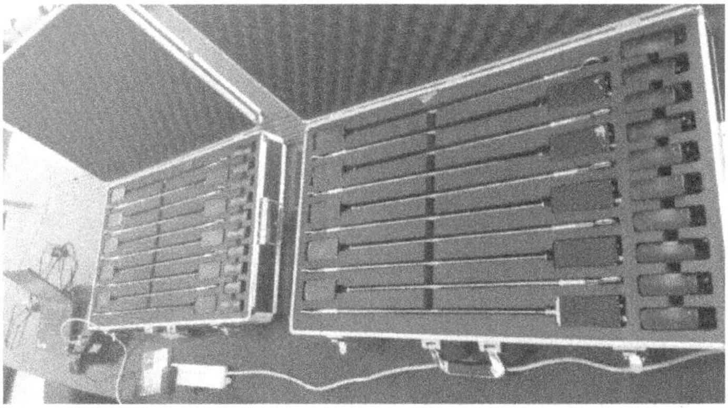

图 5.1-1　无线含沙量测量仪

设备基本信息

(1) 设备型号:NHRI。

(2) 设备主要配置:含沙量测杆、上位机软件和无线模块。

(3) 技术指标。

测量原理：光电式；

测量范围：0～50 g/L；

测量精度：5%；

重复性：5%；

测杆长度：50～60 cm；

供电方式：锂电池供电(可充电)；

数据传输：无线数据传输，软件实时显示、储存测量数据，系统实现传感器多路同步实时测量(≥20 路)。

1.2 仪器屏幕显示说明

测沙仪屏幕有四行信息，如表 5.1-1 所示，每行信息解释如下：

表 5.1-1 测沙仪屏幕信息

测沙仪			0	1					
N	0	0	1	1	7				
T	6	0	3		S	0	2	6	
B	3	8		0	7		0	4	1

第一行：仪器类别＋仪器逻辑编号；例如：测沙仪 01，表示此仪器为含沙量测量仪，仪器的逻辑编号为 01(逻辑地址可根据需要更改)。

第二行：仪器物理地址，该地址为出厂固定地址；例如：N00117，该地址在上位机中显示为 16 进制显示模式，上位机地址查询时，显示的值为 75。

第三行：透射值＋散射值；例如 T603　S026，表示该含沙量浓度下，仪器检测到的透射光值与散射光的电压值，即透射值为 603，散射值为 026。

第四行：电池电压值＋程序刷机版本＋经处理后的透射散射比值，例如：B38　07　041，B38 表示电池当前供电电压为 3.8 V，为保证含沙量测量值准确，且能够保证传输距离，含沙量测量仪工作电压一般控制在 3.7～4.2 V，当电池电压小于 3.7 V 时，应给含沙量测量仪充电；07 为仪器开发人员，刷机程序标识，使用人员可忽略；041 为含沙量透射与散射算法计算后数值，作为上位机配置文件使用。

2 系统安装

2.1 运行环境

本系统为单机版软件，支持 Windows 系列多种操作系统，如 Windows 7/10 等，Internet 协议版本 4(TCP/IPv4)，安装软件构成如图 5.1-2 所示。

图 5.1-2 软件构成

CalibrationParam. ini　　　　//含沙量配置文件
ConfigureFile. ini　　　　　　//流速仪配置文件
start. bmp　　　　　　　　　//图形文件
WaterInf. mdb　　　　　　　//数据库文件;用户若使用数据库,则电脑中需安装
　　　　　　　　　　　　　//access
WaterInfMonitorSystem. exe //执行文件

2.2 含沙量网络号配置步骤

计算机——控制面板——网络和 Internet——网络连接(见图 5.1-3)——以太网(本地连接)——Internet 协议版本 4(TCP/IPv4,见图 5.1-4)——选择"使用下面的 IP 地址"(见图 5.1-5):

IP 地址:192.168.0.201

子网掩码:255.255.255.0

图 5.1-3 网络连接

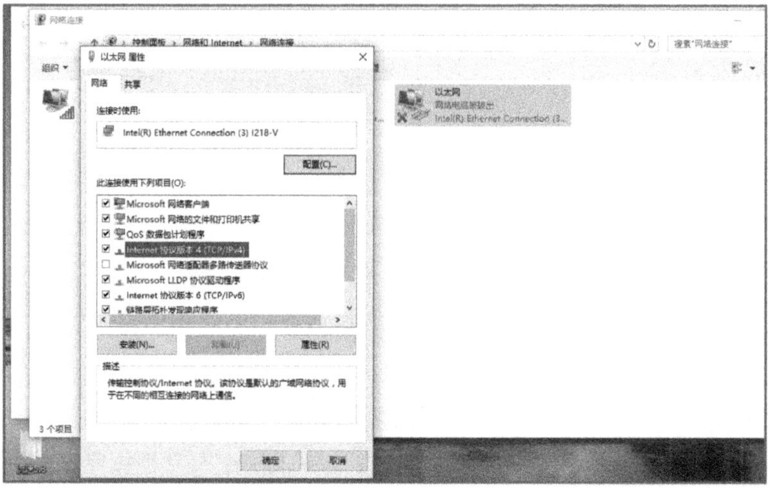

图 5.1-4　Internet 协议版本 4

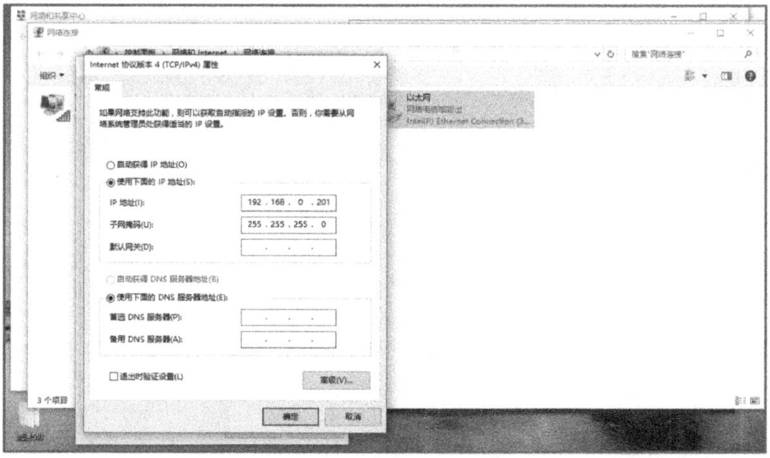

图 5.1-5　IP 地址设置

2.3　软件界面

见图 5.1-6。

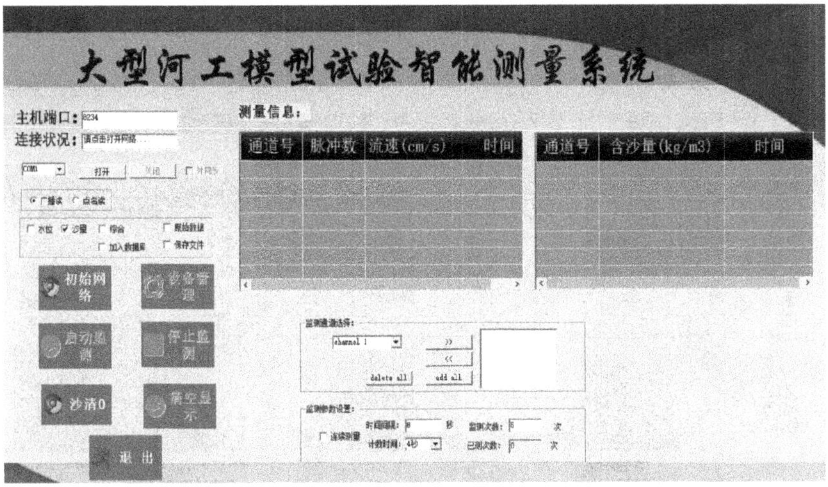

图 5.1-6　软件界面

3　软件操作步骤

3.1　初始化网络

在软件主界面，点击"初始化网络"，如图 5.1-7 所示，当连接状况变为 192.168.0.7时，表示网络连接成功。若长时间未连接上，请关闭计算机防火墙与杀毒软件后重新连接网络。

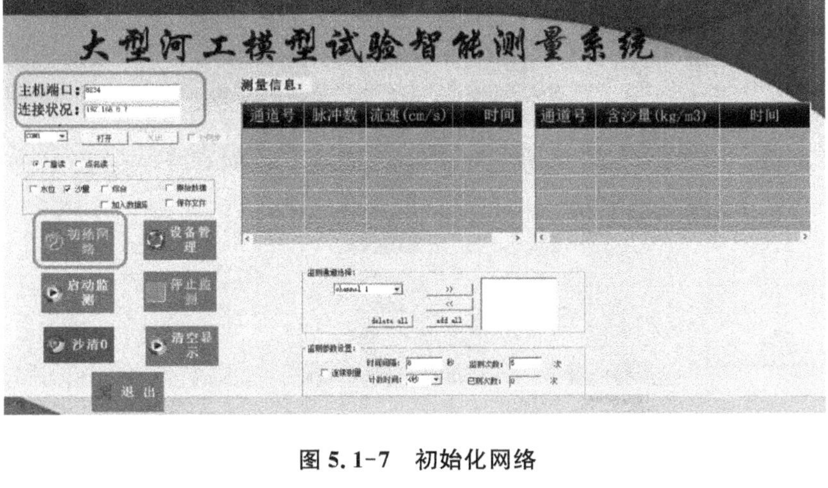

图 5.1-7　初始化网络

3.2 测量模式

在软件主界面，选择测量模式。勾选“沙量”，勾选“加入数据库”，如图5.1-8所示。

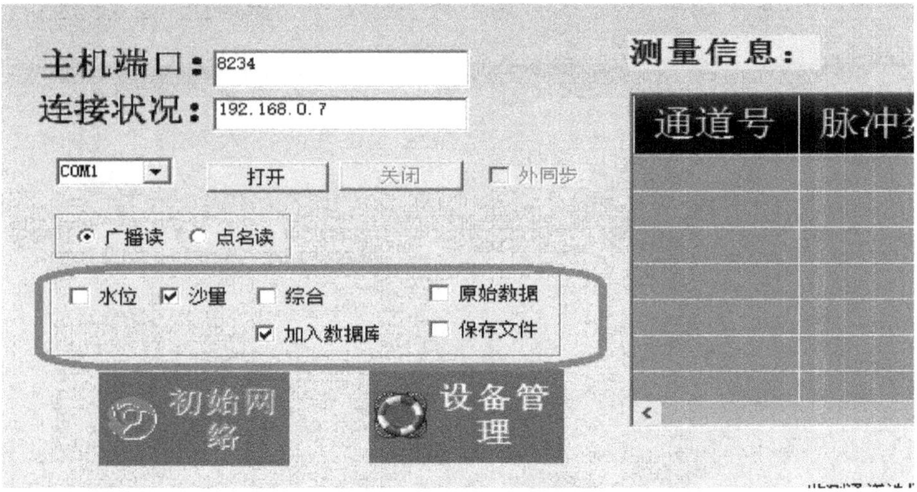

图 5.1-8 测量模式选择

3.3 设备管理

在软件主界面，点击“设备管理”，查询开启的测杆数量，如图 5.1-9 所示。

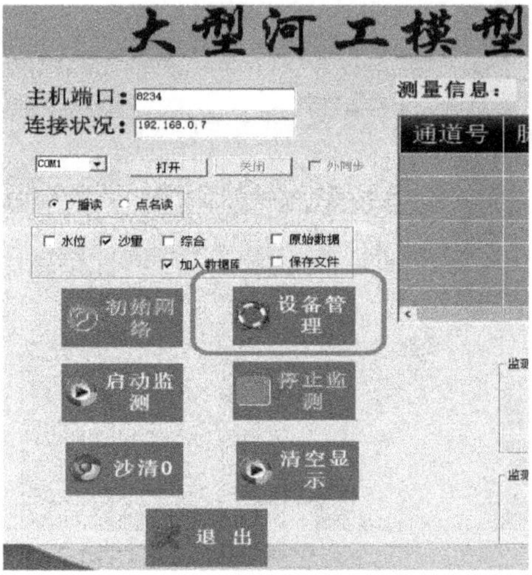

图 5.1-9 设备管理功能

3.4　地址查询

查询地址，选择仪器类型“含沙量”。选择查询方式：物理地址，并勾选“更新”，然后点击地址查询，如图 5.1-10 和图 5.1-11。

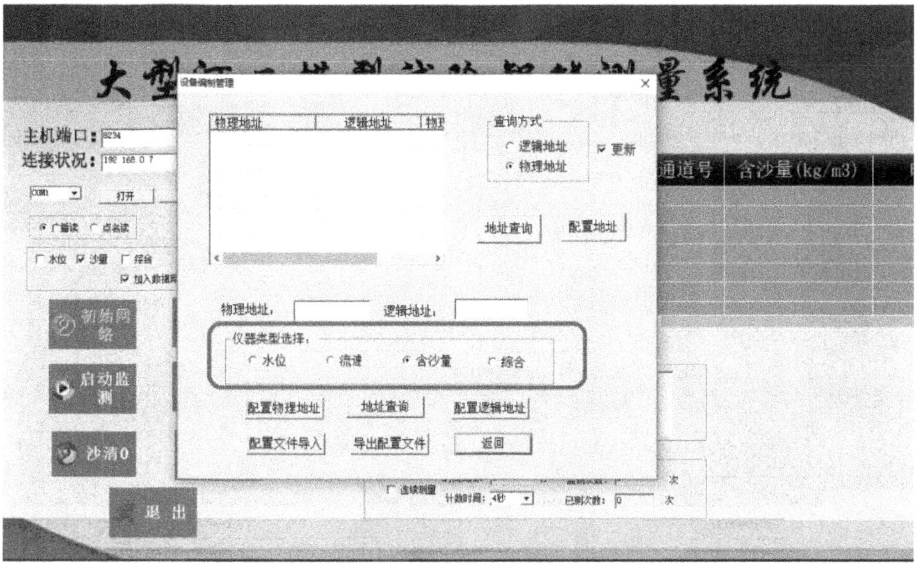

图 5.1-10　选择含沙量

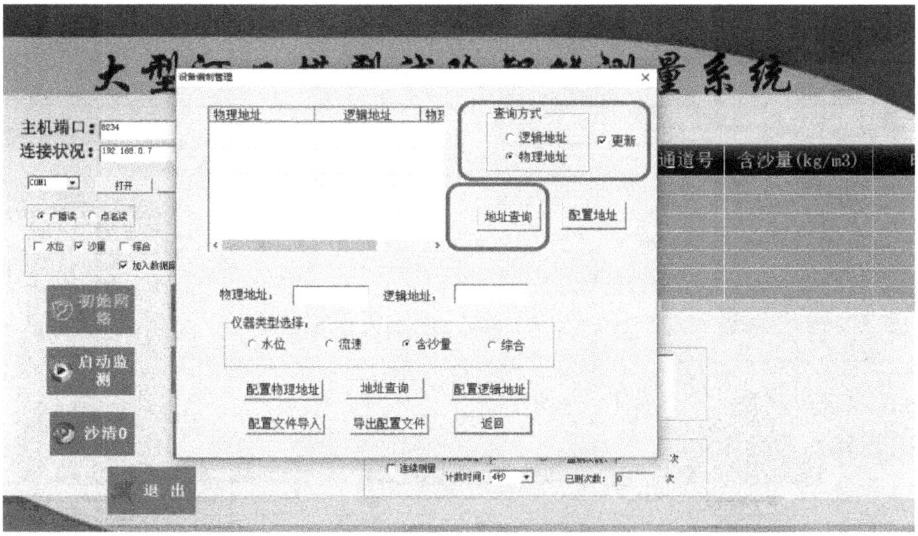

图 5.1-11　选择地址查询

界面显示已查询到的测杆编号，包含物理地址与逻辑地址，按返回键返回主界面。若逻辑地址有重复时，可进行重新配置（此处显示的地理地址与逻辑地址为16进制表示）。如图 5.1-12 所示。

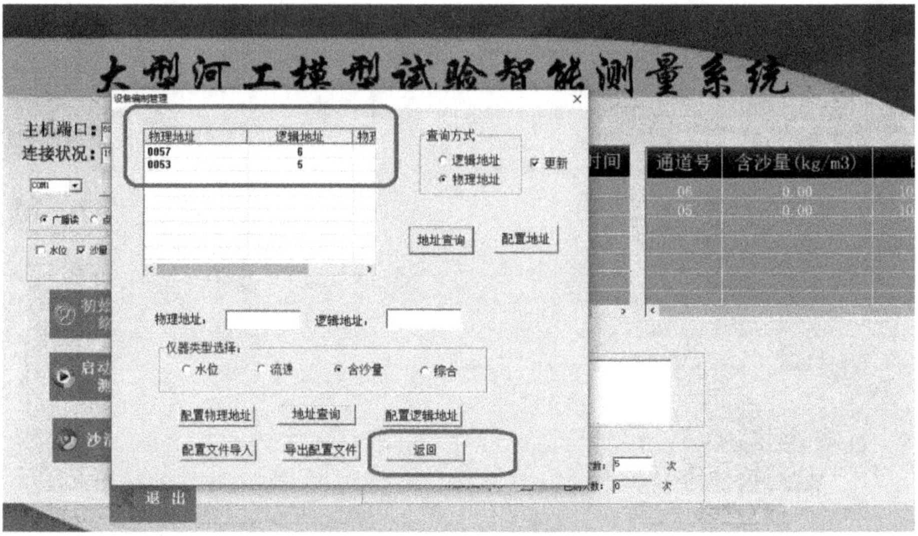

图 5.1-12　显示查询结果

3.5　测杆文件配置

含沙量测量仪在使用前，需要根据测量的沙样进行率定实验。率定实验结果输入 CalibrationParam 配置设置中，如图 5.1-13 所示。

图 5.1-13　含沙量配置设置选项

配置文件说明，如图 5.1-14 所示。

［BASECONFIG］　　　　　　　//基本配置设置

calibrationParamNum＝10　　　　//表示测量时，测量杆的标定数量。实际使用时，//calibrationParamNum 设定的值＝实际测量的含沙量测杆标定数量＋1，所有的测杆标定的点数应一致。

［CHANEL］　　　　　　　　//通道

CalibrationParam - 记事本
文件(F) 编辑(E) 格式(O) 查看(V) 帮助(H)

```
[BASECONFIG]
calibrationParamNum=10


[CHANEL]
chanelNum=10
chanel1=1
chanel2=2
chanel3=3
chanel4=4
chanel5=5
chanel6=6
chanel7=7
chanel8=8
chanel9=9
chanel10=10

[Calibration1]
S1=0
R1=0.006
S2=2
R2=0.112
S3=4
R3=0.202
S4=6
R4=0.271
S5=8
R5=0.323
S6=10
R6=0.354
S7=13
R7=0.401
S8=15
R8=0.445
S9=20
R9=0.650
S10=30
R10=0.806

[Calibration2]
S1=2
```

图 5.1-14　含沙量配置文件

chanelNum＝10　　　　　　　　　　//通道数量

//通道号与测量相对应的逻辑地址，此处设置将//包含最大的逻辑地址即可。例如，测杆的最大逻//辑地址为 20，则通道号设置为 20。

[Calibration]

//表示通道 1 或逻辑地址为 1 的测杆的率定数据。相关率定数据，可在测量前，配比相应水沙混合液获得；

S 表示率定的含沙量，S1＝2 表示，率定的含沙量标准混合液为 2 kg/m³；

R1 表示水沙混合液为 2 kg/m³ 的率定值，该数值可从含沙量液晶显示屏上获取。S1～S9 表示率定的沙样为 9 组数据，率定的含沙量分别为 0 kg/m³、1 kg/m³、5 kg/m³、10 kg/m³、15 kg/m³、20 kg/m³、30 kg/m³、40 kg/m³、50 kg/m³。

S10 表示分段点的透射值，R10 表示分段点的率定值。注：必须率定清水数值。

T、S 率定值获取方式：

(1) 直接读取 T、S 值，从测沙仪屏幕直接读取，详情如表 5.1-2 所示。

(2) 计算率定值。

表 5.1-2　T-S 值的读取

含沙量 (kg/m³)	透射值 (T)	散射值 (S)	S/(T+S) ×1 000	率定值 (R)	备注(率定值求取公式)
0	592	9	15	0.015 0	R0＝S0/(S0＋T0)
1	585	32	51	0.051 9	R1＝S1/(S1＋T1)

续表

含沙量 (kg/m^3)	透射值 (T)	散射值 (S)	S/(T+S) ×1 000	率定值 (R)	备注(率定值求取公式)
5	573	56	89	0.089	R5=S5/(S5+T5)
10	557	106	159	0.159 9	R10=S10/(S10+T10)
15	547	125	186	0.186 0	R15=S15/(S15+T15)
20	529	156	227	0.227 7	R20=S20/(S20+T20)
30	504	166	247	25.227 7	R30=(T20−T30)+R20
40	473	157	246	56.227 7	R40=(T20−T40)+R20
50	405	140	259	124.227 7	R50=(T20−T50)+R20

注:S/(T+S)即为上图红色框内的读数

(3) 输入配置文件。

[Calibration1]　　//逻辑地址为 1 的测杆

S1=0　　R1=0.015

S2=1　　R2=0.0519

S3=5　　R3=0.089

S4=10　　R4=0.1599

S5=15　　R5=0.1860

S6=20　　R6=0.2277

S7=30　　R7=25.2277

S8=40　　R8=56.2277

S9=50　　R9=124.2277

S10=529 //因为含沙量在 30 kg/m^3 时,S/(T+S)值已经趋于饱和,选用前一个率定含沙量 20 kg/m^3,作为分段点,20 kg/m^3 时,透射值为 529,率定值为 0.227,在配置文件的最后需要输入此项,使得计算机知道分段的透射值及率定值。

R10=0.227

3.6 监测通道号选择

选择需要测量的测杆号,点击"》",表示添加,若添加后,需要删除某一测杆,则选中该测杆,并选择"《",也可以点击"add all"或"delete all"一次性添加或删除通道号。如图 5.1-15 所示。

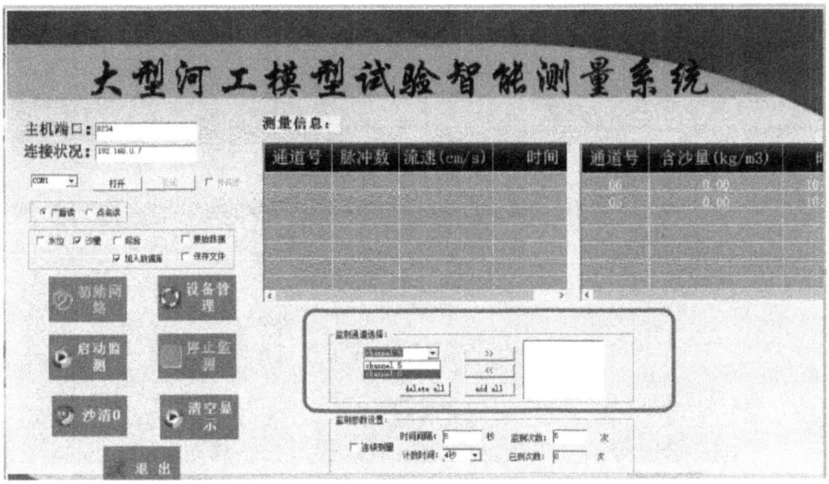

图 5.1-15　选择监测通道

3.7　监测参数设置

监测参数设置，详情如图 5.1-16 所示。

时间间隔：根据试验需要的实际采样间隔时间设置，如每 125 秒采集一次，则时间间隔设置为 125 秒。

监测次数：根据试验需要设置测量次数，如测量 5 次，则监测次数设置为 5 次。

计数时间：根据试验需要设置计数时间，试验结果为该计数时间内累加值的平均值。（流速测量使用，含沙量测量时，该计数时间设置为 1 秒）

已测次数：显示程序已执行的测量次数。

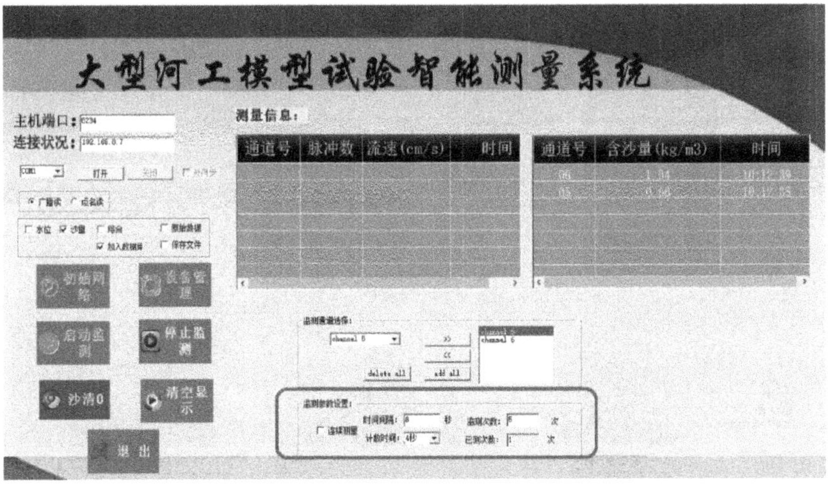

图 5.1-16　监测参数设置

3.8 含沙量测量

点击“启动监测”，程序开始测量，图形界面显示含沙量测量的通道号、含沙量值、测量时间，测试结束后，软件自动停止测量。见图 5.1-17。

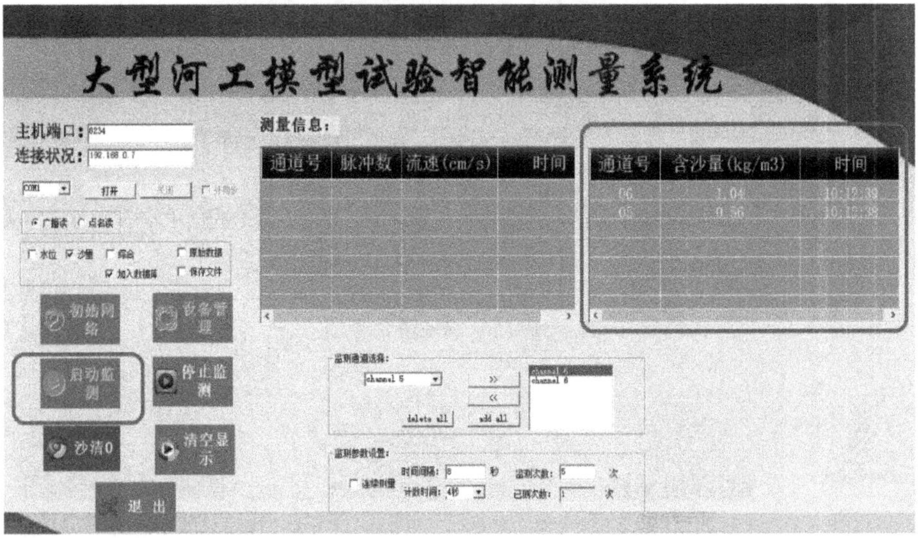

图 5.1-17　启动监测

3.9 含沙量测量数据查询

试验结束后，查看已存储的含沙量测试数据。见图 5.1-18。

图 5.1-18　打开 WaterInf 文件

打开 sandContentSheet 文件，查看已保存的数据。见图 5.1-19。

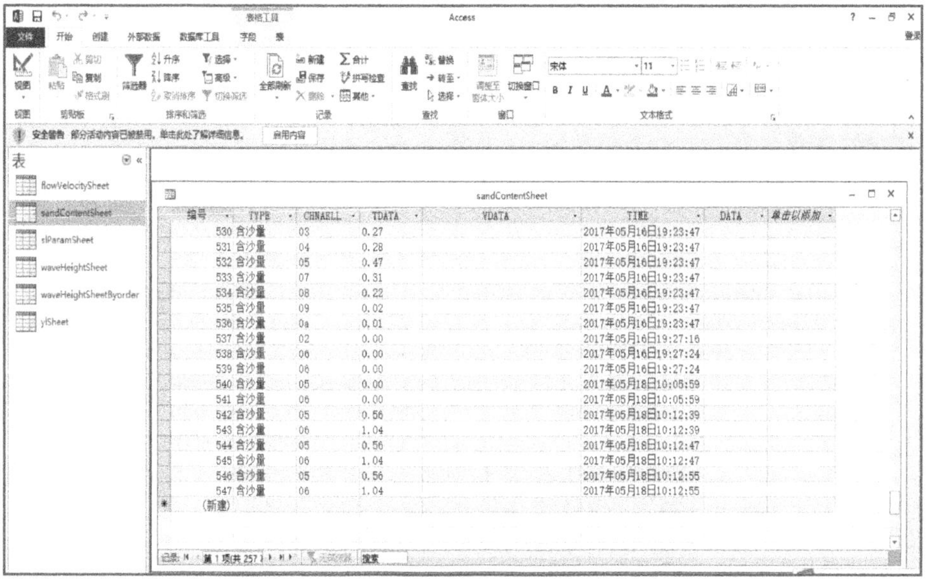

图 5.1-19　查看数据

选择其他的导出格式，导出数据，方便实验分析。见图 5.1-20。

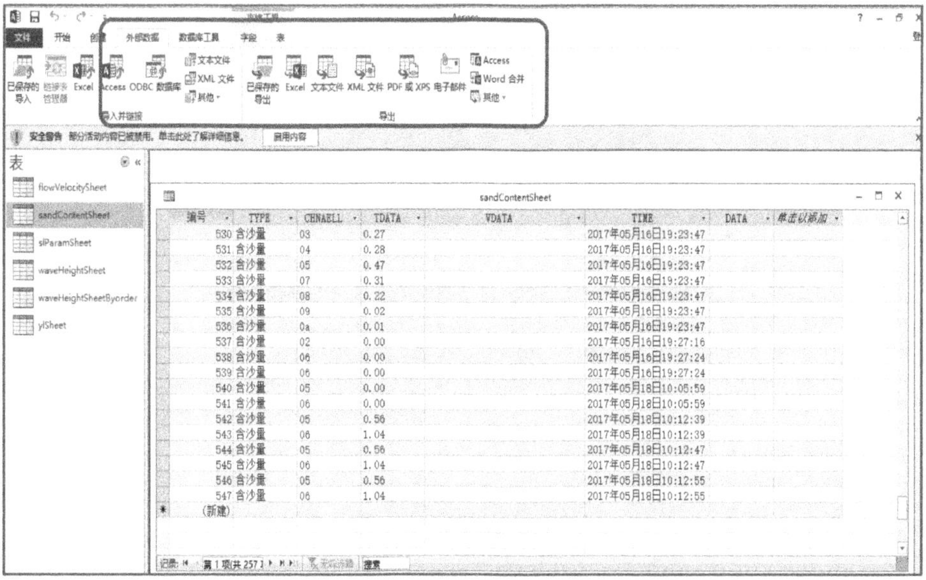

图 5.1-20　导出数据

第二节　SIR-3000 混凝土雷达无损检测系统

1　系统概况

1.1　系统硬件

SIR-3000 混凝土雷达无损检测系统，用于钢筋混凝土结构内部检测，包括混凝土的损伤、钢筋、缺陷、孔洞检测，以及混凝土衬砌脱空等检测，该仪器接受探测雷达的反射信号，并以图像显示目标物的位置和深度，可与不同频率天线配合使用，探测深度范围为 0.3～30 m。见图 5.2-1 和 5.2-2。

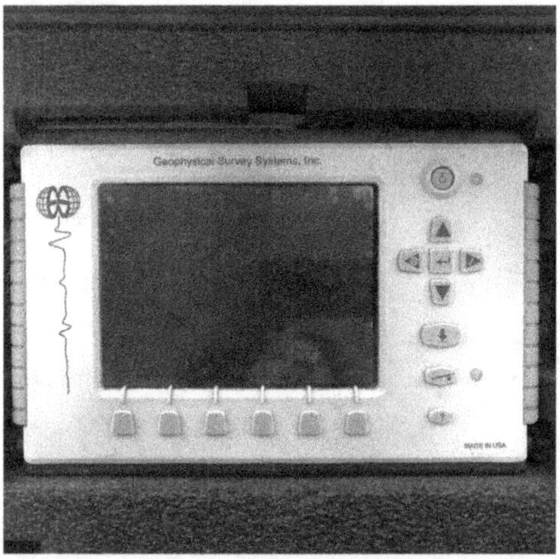

图 5.2-1　混凝土雷达无损检测系统

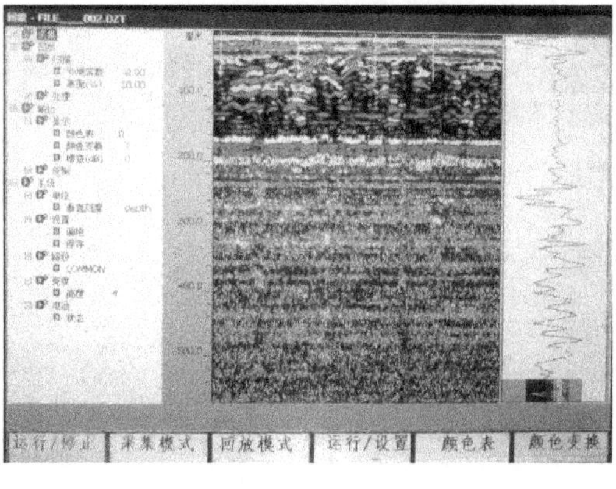

图 5.2-2　混凝土雷达无损检测系统检测结果

设备基本信息

（1）设备型号：SIR-3000。

（2）设备主要配置：SIR-3000 主机、天线系统、电源线、信号线、测量轮、工具箱等。

（3）技术指标：主机可适配 GSSI 公司除空耦天线以外的所有雷达天线，频率范围从 16 MHz 到 2.2 GHz，具备连续测量、测量轮、点测三种模式可选，测量范围：0～8 000 ns 自选。见图 5.2-3。

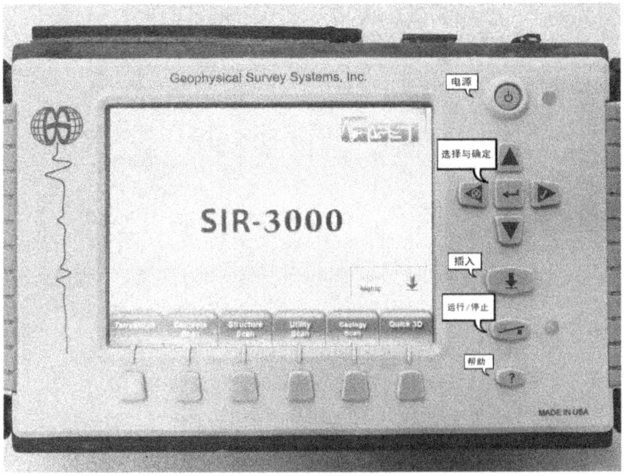

图 5.2-3　仪器屏幕按键功能

1.2　仪器屏幕显示说明

第一行：电源开关及指示灯。

第二行：回车键及上下左右键，上下左右键用于选择相关的操作，回车键用于确认所选择的操作。

第三行：打标键，在测量过程中遇到异常的位置打标做标记。

第四行：运行及暂停键。

2　系统软件

SIR-3000 的系统软件分为采集软件和处理软件（Radan）。见图 5.2-4。

图 5.2-4 系统处理软件登录页面

2.1 运行环境

2.1.1 硬件配置要求

见表 5.2-1。

表 5.2-1 硬件配置要求

硬件名称	配置要求
CPU	Intel 或 AMD 处理器主频 2 GHz 以上
内存	≥2 GB
硬盘空间	100 G 以上

2.1.2 软件系统要求

操作系统：微软公司 Windows 2000/XP/Vista/7/8/10 的 64 位及以下操作系统。推荐使用正版 Windows 操作系统，部分精简版 Windows 操作系统可能存在问题。

2.2　系统软件操作

2.2.1　SIR-3000 采集软件操作

1. 仪器连接

按图 5.2-5 所示连接主机、电缆、天线、标记器、测量轮。

图 5.2-5　仪器连接示意图

开机。安装电池或者外接电源，按电源开关，仪器开机。在图 5.2-6 主菜单下选择 TerraSIRch 按钮，进入仪器采集状态。

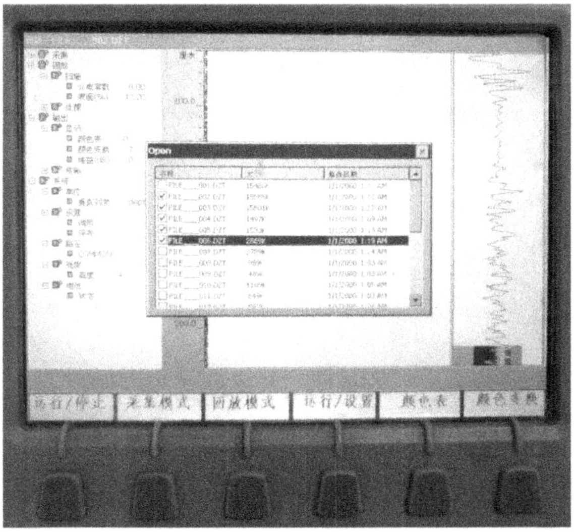

图 5.2-6　仪器采集

注意事项：无电连接或者拆卸设备。

2. 数据采集

数据采集和保存文件。调整仪器参数，见表 5.2-2，按 RUN/SETUP 进入单窗口屏幕，开始移动天线采集数据。见图 5.2-7～5.2-12。

表 5.2-2　GSSI 公司 SIR-3000 仪器参数 SYSTEM—LANGUAGE—CHINESE

顺序	系统参数	2 600 MHz	1 600 MHz	900 MHz	400 MHz	200 MHz	100 MHz
1	系统—设置—调用	2600BlueCart	1600BlueCart	900 met	400 MHzTime 400 MHz620SW	200 met 200 SW	100 met
2	系统—单元—刻度	Time	Time	Time/Depth	Time/Depth	Time/Depth	Time/Depth
	采集—雷达—天线	2. 6 GHz	1. 6 GHz	900 MHz	400 MHz	200 MHz	100 MHz
	采集—雷达—发射率	100 kHz	100 kHz	100 kHz	100 kHz	100 kHz	50 kHz
6	采集—雷达—测量模式	Time/Distance	Time/Distance	Time/Distance	Time/Distance	Time/Distance	Time/Point
	采集—雷达—GPS	None	None	None	None	None	None
	采集—扫描—采样	512	512	512	512	512/1024	512/1024
	采集—扫描—格式	16	16	16	16	16	16
4	采集—扫描—记录长度(纳秒)	8	10	15 - 20 - 25 - 30	40 - 50 - 80 - 100	50 - 80 - 100 - 150	100 - 200 - 300
	采集—扫描—介电常数	9	9	9	9	9	9
7	采集—扫描—扫描速度(扫描/秒)	60 - 120	60 - 120	60 - 120	60 - 120	60 - 120	16
8	采集—扫描—(扫描/单位)测点[测量轮]	100-200	100-200	10-20-50-100	10-20-50	10-20-50	10
5	采集—增益—自动　类型—点数[手动]	Y-2	Y-2	Y-2—3-4-5	Y-5	Y-5	Y-5
3-1	采集—信号位置—模式	Manual	Manual	Manual	Manual	Manual	Manual
3—2	采集—信号位置—延时			0	0	0	—14
3—3	采集—信号位置—地面	0	0	0	0	0	0
	采集—滤波						
	低通-无限响应滤波器 IIR	0	0	2 500	800	600	300
	高通-无限响应滤波器 IIR	10	10	225	100	50	25
	低通-有限响应滤波器 FIR	5 000	3 000	0	0	0	0

续表

顺序	系统参数	2 600 MHz	1 600 MHz	900 MHz	400 MHz	200 MHz	100 MHz
	高通-有限响应滤波器 FIR	400	250	0	0	0	0
	采集—滤波—叠加(扫描)	0	0	3 时间	3 时间	3 时间	3 时间 64,100 点测
	采集—滤波—背景去除(扫描)	0	0	0	0	0	0
9-1	输出—显示—颜色表　F5	4 gray	4 gray	4 gray	4 gray	4 gray	4 gray
9—2	输出—显示—颜色变换表　F6	2 normal	2 normal	2 normal	2 normal	2 normal	2 normal
10	系统—设置—保存参数	Setup16	Setup16	Setup 09	Setup 04	Setup 02	Setup 10
11	数据采集　F4	F4	F4	F4	F4	F4	F4
12	输出—传输—数据传输	Y	Y	Y	Y	Y	Y

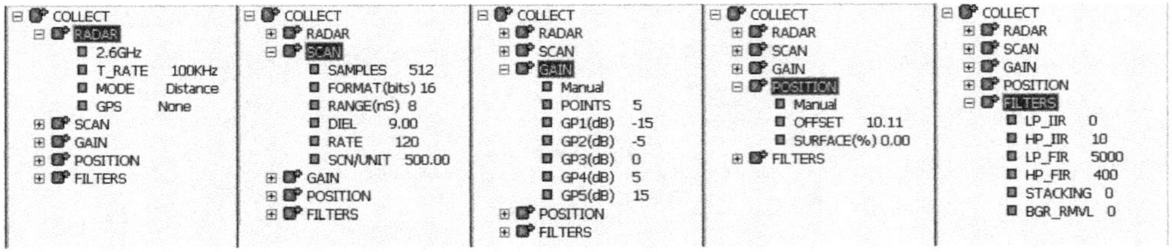

图 5. 2-7　2. 6 GHz 天线测量参数

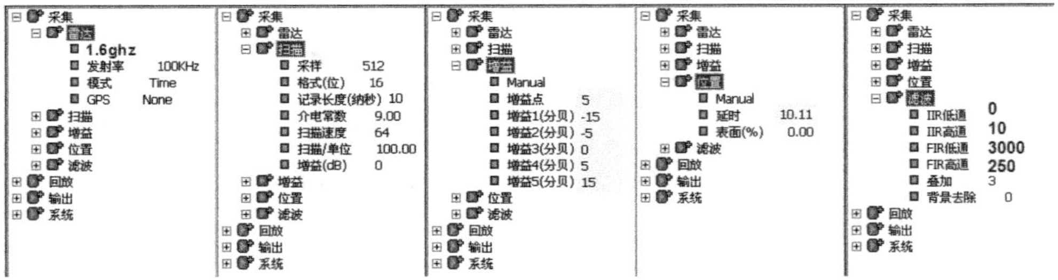

图 5. 2-8　1. 6 GHz 天线测量参数

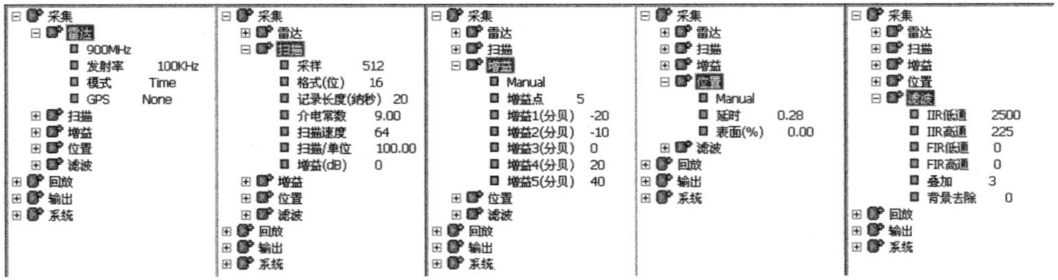

图 5. 2-9　900 MHz 天线参数

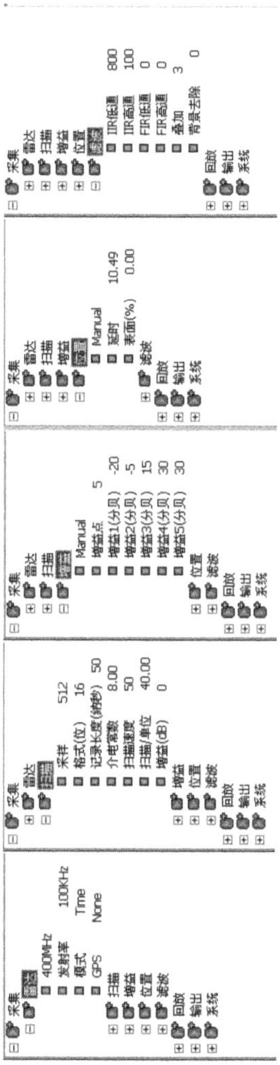

图 5.2-10　400 MHz 天线参数

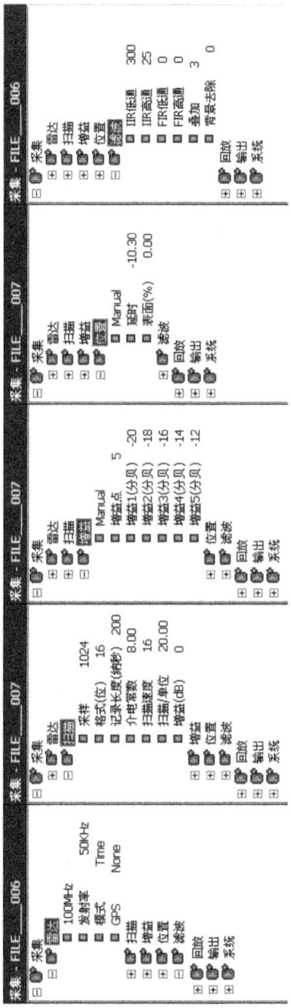

图 5.2-11　100 MHz 天线参数-时间

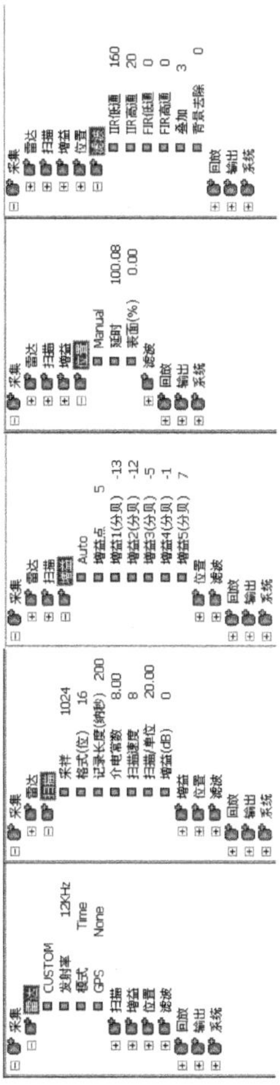

图 5.2-12　3200MLF 低频组合天线 80 MHz 天线参数-时间

再次按下此按钮，选择右键盘打勾保存数据文件到仪器中。见图 5.2-13。

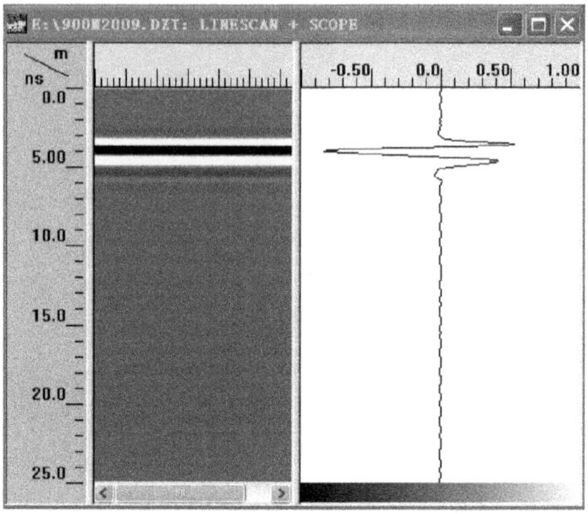

图 5.2-13　野外现场采集

3. 数据回放

数据回放。按图 5.2-14 所示的 PLAYBACK 按钮，弹出对话框，利用上下键找到相应的文件，利用选择键 ENTER 选中文件，右键确认，再次按 RUN/SETUP 按钮来回放数据。

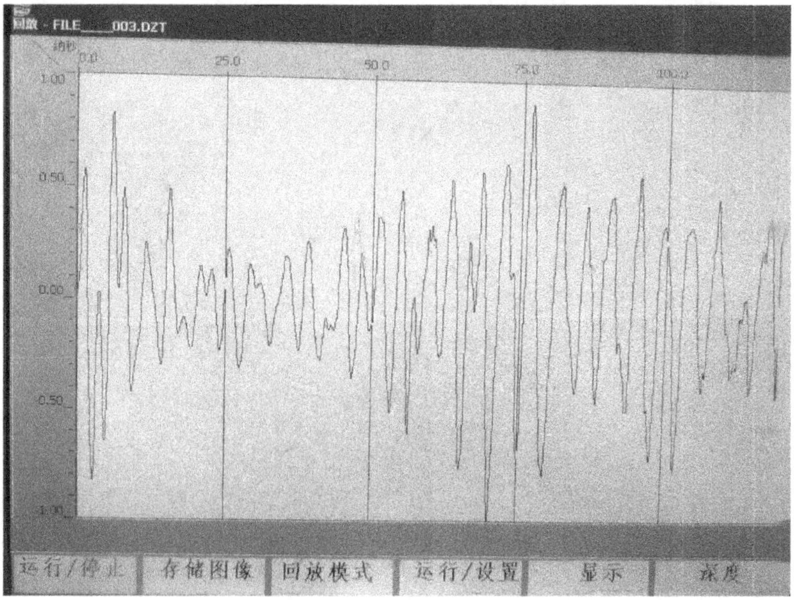

图 5.2-14　数据回放

4. 数据传输

现场采集完成后，直接利用 CF 卡把数据传输出来。

利用 SanDisk 牌 CF 卡传输数据文件。点击图 5.2-15 所示的 OUTPUT—TRANSFER—FLASH。按中间的选择键 ENTER，弹出对话框，利用上下键找到相应的文件，利用中间的选择键 ENTER 选中文件，利用右键盘确认，开始传输数据。最后利用读卡器，把 CF 卡上的数据文件复制到计算机上。

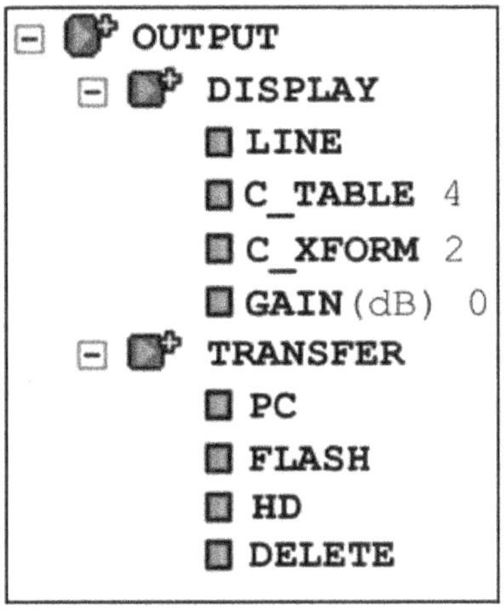

图 5.2-15　数据传输

利用 SanDisk 牌 USB 盘传输数据文件。OUTPUT—TRANSFER—HD。

备注：利用质量差的 U 盘复制数据，可能导致文件错误。

开机以前接入外置 SanDisk 牌闪存 CF 卡，数据文件直接写到 CF 卡上，关机后取出 CF 卡即可，利用读卡器把数据导入计算机。见图 5.2-16。

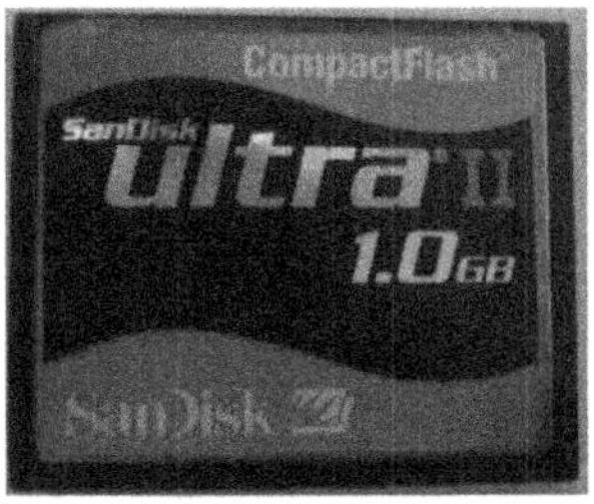

图 5.2-16　San Disk 闪存 CF 卡

5. 关闭仪器

按 RUN/STOP 按钮暂停，按绿色电源按钮约 4 秒关闭主机。收仪器。

2.2.2 Radan 处理软件操作

(1) 设置数据路径。

菜单—主页—全局设置—文件参数;自动保存文件—否;

对话框:源目录—原始数据文件夹;输出目录—处理后需要保存数据的文件夹。

(2) 数据文件加载与显示。

选择菜单,主页—文件—打开,或者 G—打开,或者快捷方式 Ctrl＋O,打开文件;

菜单主页—颜色表,颜色表换表,设置颜色表格和颜色对比对。

(3) 数据编辑。

菜单“数据处理—编辑数据块”;

设置开始扫描和结束扫描,选择数据块操作选项保存或者删除。

(4) 距离归一化。

主页一文件头一扫描/单位,单位/标记;

标记编辑;

主页—表格;

数据处理—距离归一化—应用到用户标记(是)。

(5) 文件反向。

打开数据文件;G—保存为—Radan 文件一反向。

(6) 添加里程信息。

主页—表格—剖面—启动区(m)。

(7) 水平刻度调整。

数据处理—横向扩展—水平伸展—操作(略过)—扫描数。

(8) 地面时间调整(隐藏地面)。

数据处理—时间零点—位置范围百分比,位置时间零点以及偏移(ns)。

(9) 地面时间调整(减去地面),省略。

(10) 设置介电常数。

主页—文件头—垂直参数—介电常数。

(11) 调整增益。

数据处理—增益—区域增益;

范围增益—增益类型,选择自动。通道参数,点数设置为 5—8;

范围增益—增益类型,选择指数,手动设置增益值。

(12) 水平信号增强。

数据处理—滤波器—FIR;

FIR 滤波器—水平—类型(堆叠,滑动平均),长度(扫描数)设置为 3—5。

(13) 水平背景去除。

数据处理—滤波器—FIR;

FIR 滤波器—水平—类型(背景去除),长度(扫描数)设置为 20001。

(14) 垂直滤波。

首先做频谱分析,再做频率滤波;

主页—展示—转换—色谱,显示剖面频谱,并读取主频区间;

数据处理—滤波器—FIR;

FIR 滤波器—通道参数—垂直(MHz)—高通,设置高通滤波参数。

(15) 偏移归位。

数据处理—迁移/偏移—Migration;

方法—选择基尔霍夫;

速度(顶层)—软件双曲线拟合;

介电常数—软件拟合。

(16) 反卷积。

数据处理—波形—反卷积;

反卷积—通道参数—运算器长度(子波一个完整周期对应采样点数)。

(17) 希尔伯特变换。

数据处理—波形—希尔伯特变换;通道参数—转换为—大小。

(18) 文件拼接。

G—组装数据文件—附加文件。

工作路径;

指定输出文件名;

合并文件数据吗?(是的—合并到一个××配置文件);

从"文件夹中可用文件"列表中根据实际依次选择文件名。

(19) 通道合并。

G—组装数据文件—组装数据通道;"选择包含将合并文件的文件夹"。

(20) 添加地形。

打卡数据文件—表格—编辑参数"区标记,高度(m)";

数据处理—表面范化/加地形—垂直标尺(1∶1 或者 1∶2)。

(21) 2D 交互式解释。

3 常见问题及解决方法

3.1 仪器类故障

主机或者天线坏了，这均需要由厂家来进行维修，不能擅自打开自行修理。

3.2 电源线及信号线故障

若电源线或者信号线出现故障，必须向实验中心汇报相关情况，在实验中心同意的情况下，在熟悉电源线及信号线的基础上，有条件地进行自行维修。

3.3 其他问题

若是操作不当导致仪器损坏的，由使用者自行自费负责维修，并报实验中心备案。

第六章　实验水槽与港池测量系统

第一节　港建楼水槽造波机系统

1　系统概况

港建楼水槽造波机系统安装在港建楼 1.0 m 宽玻璃水槽中，主要组成有计算机、造波机械系统和伺服系统，具体包括机体、动力传动机构、推波机构、驱动机构、控制系统、安全保护系统以及电缆、辅件等。水槽尺寸：长(55 m)×宽(1.0 m)×深(1.3 m)，造波机推板处深 1.7 m。造波机采用推板式，板宽 1.0 m，依靠伺服电机驱动，滚珠丝杠传动，主要用于海岸工程及海洋工程的波浪模型试验。见图 6.1-1。

图 6.1-1　水槽可吸收式造波机系统

设备基信息

(1) 设备主要配套：水槽、可吸收式造波机系统、控制系统、采集装置、浪高仪等。

(2) 主要技术指标。

A. 规则波技术指标:波周期变化范围 0.5～5.0 s;波高变化范围 0.02～0.4 m(水深为 0.2～1.0 m);波高横向误差 $\Delta H/H_{mean} \leqslant 3\%$;波高稳定性:$(H_{max}-H_{mean})/H_{mean} \leqslant 5\%$;波高重复性:$(H_{max}-H_{mean})/H_{mean} \leqslant 3\%$;波周期的稳定性和重复性:$(T_{max}-T_{mean})/T_{mean} \leqslant 2\%$。

B. 不规则波:波周期变化范围 0.5～5.0 s;有效波高变化范围:0.02～0.25 m(水深为 0.2～1.0 m);有效波高误差:$\Delta H_{1/3}/H_{1/3} \leqslant 4\%$;谱波周期:$\Delta T_p/T_p \leqslant 3\%$。

C. 配套 8 通道测波仪 1 套,其中有 6 个通道的测量范围为 0.5 m,其余 2 个通道的测量范围为 1.5 m。

2 软件操作

2.1 造波系统

造波系统,首页主要功能有“规则波”“随机波”“报警”,详情如图 6.1-2 所示。

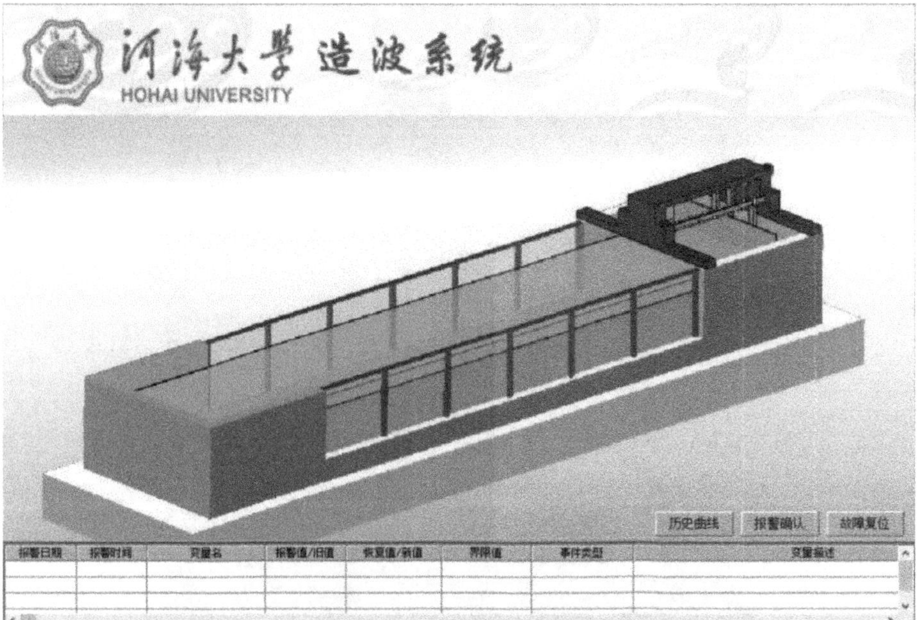

图 6.1-2 造波系统首页

“报警”功能可以查看报警信息,进行“报警确认”和“故障复位”操作。

“退出系统”,具有管理员权限的才能退出,如何拥有管理员权限请与水槽管理人员联系。

2.1.1　规则波

“规则波”界面功能主要有规则波、单向不规则波、报警、参数设置、曲线预览、造波板操作面板等，如图 6.1-3 所示。

操作步骤：

（1）查看水深测值，水槽中水位计或测尺读数。

（2）输入波形参数，如波高、周期、水深等。

（3）点击“波形计算”，计算完成后可以再观察造波板的位移曲线。如果曲线超过一页可以通过“上页”“下页”按钮来翻页。

（4）选择控制模式“单次模式”或者“循环模式”。“单次模式”表示实际造波个数等于参数区输入的造波个数。“循环模式”需要输入一个造波时间。

（5）曲线预览，显示位移曲线之后，观察“校验结果”指示灯，当指示灯变成绿色之后表示数据成功下传到 PLC。

（6）造波，点击右侧“造波板操作面板”区域的“开始造波”。

（7）保存数据，左上角“规则波”区域。

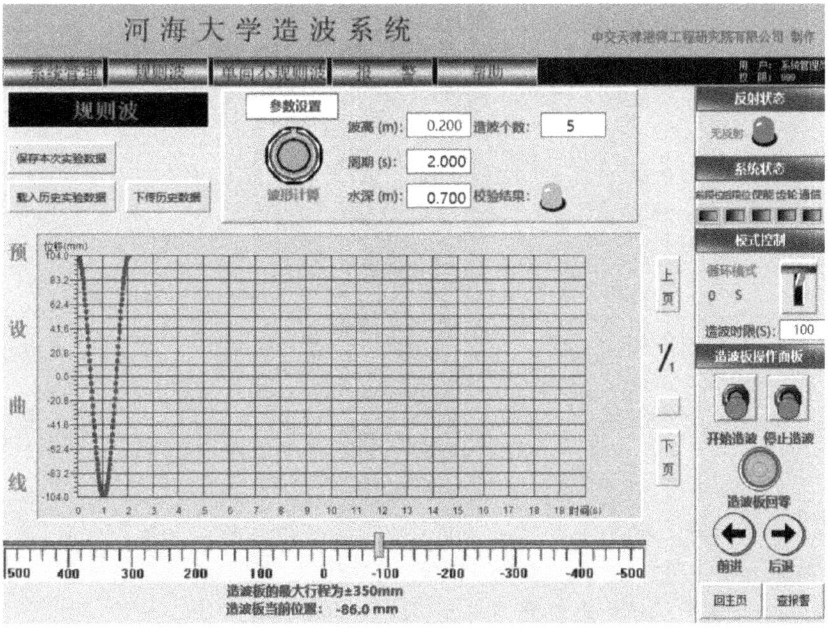

图 6.1-3　造波系统——规则波

图 6.1-4 显示造波板的实时位移情况。

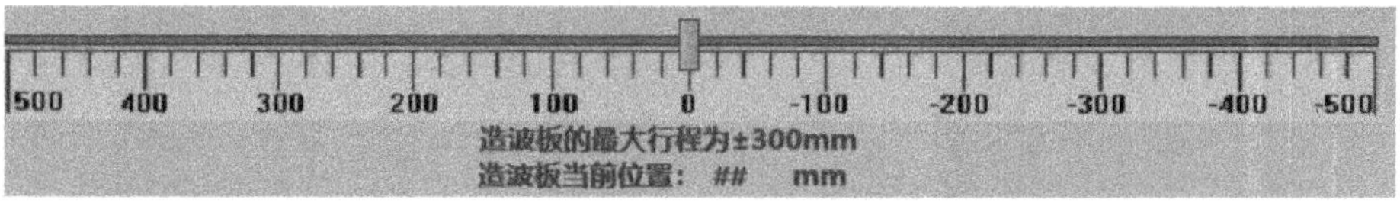

图 6.1-4 造波系统实时位移

2.1.2 操作栏面板区

系统首页右侧蓝色面板操作区，如图 6.1-5 所示，主要显示的是系统状态，如前后限位状态、使能状态、齿轮状态、通信状态、控制模式选择等，其功能用来控制设备运行。在波形计算完成并且造波板成功回零以后，选择控制模式“单次模式”或者“循环模式”。模式控制选择完成后可以点击“开始造波”按钮，设备启动，造波开始。当完成造波个数或造波时间到达后设备都会自动停止。在造波过程中可以点击“停止造波”按钮使设备停下来。

图 6.1-5 操作栏

2.1.3 规范谱

规范谱增加了能量曲线，参数分别为有效波高、有效周期、水深、随机种子、GAMA 值、波列长度。其他操作同规则波。如图 6.1-6 所示。

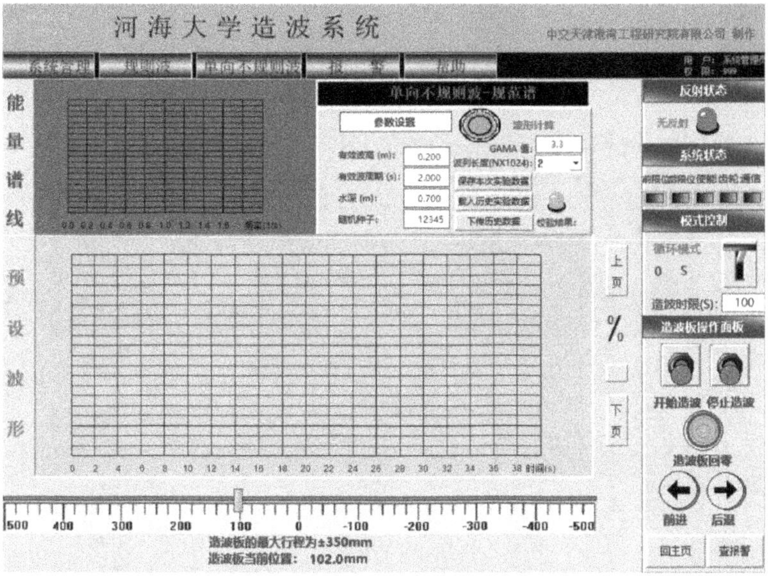

图 6.1-6　规范谱

2.1.4　PM 谱

PM 谱功能如图 6.1-7，参数与操作请参见本节 2.1.3 规范谱。

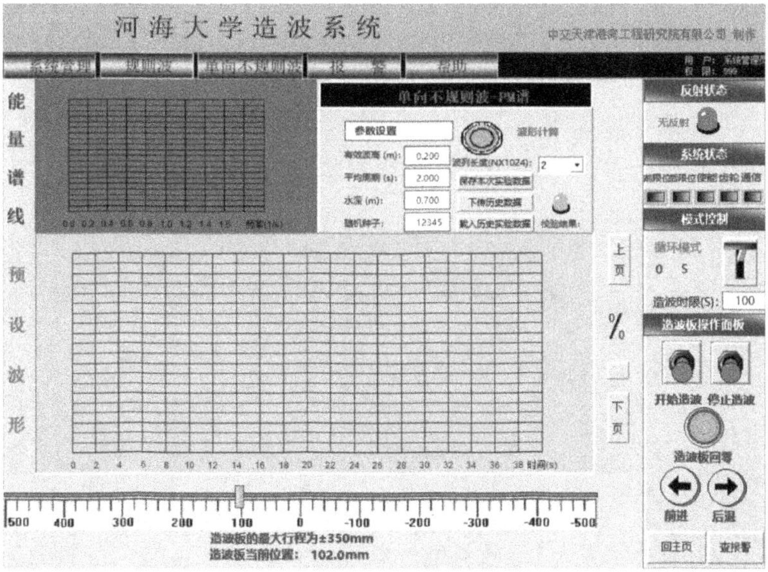

图 6.1-7　PM 谱

2.1.5 JohnSwap 谱

JohnSwap 谱功能如图 6.1-8 所示，参数与操作请参见本节 2.1.3 规范谱。

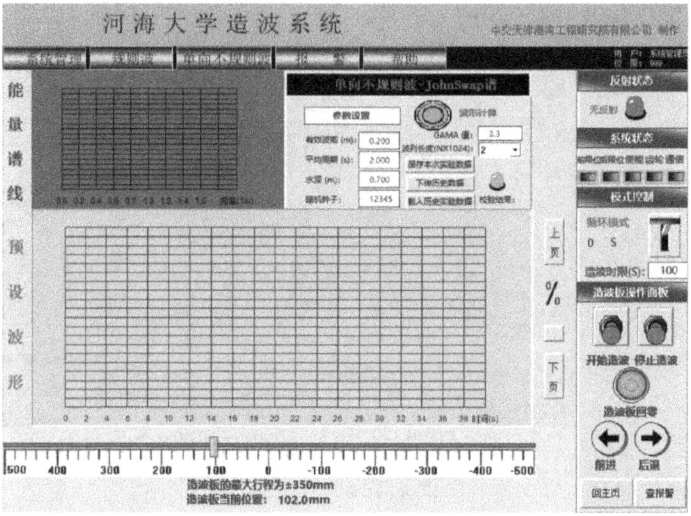

图 6.1-8　JohnSwap 谱

2.2　波浪测量系统

该造波机对应的波浪测量系统一般选择 DS30 型波高采集系统，浪高仪最大量程为 0.5 m，测量误差小于±0.1 mm，当水温度在 10～25 ℃之间时，最小采样时间间隔不大于 0.002 5 秒(400 Hz)。

软件功能采集界面如图 6.1-9 所示，数据分析界面如图 6.1-10 所示，其他详情请参见第二章第一节《DS30 型波高采集系统》。

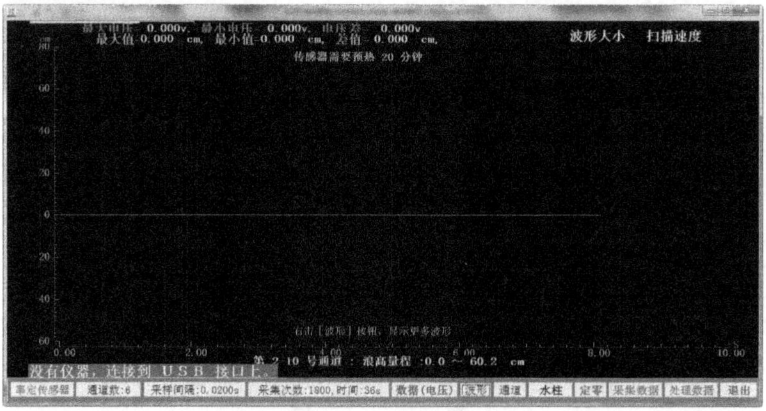

图 6.1-9　采集界面

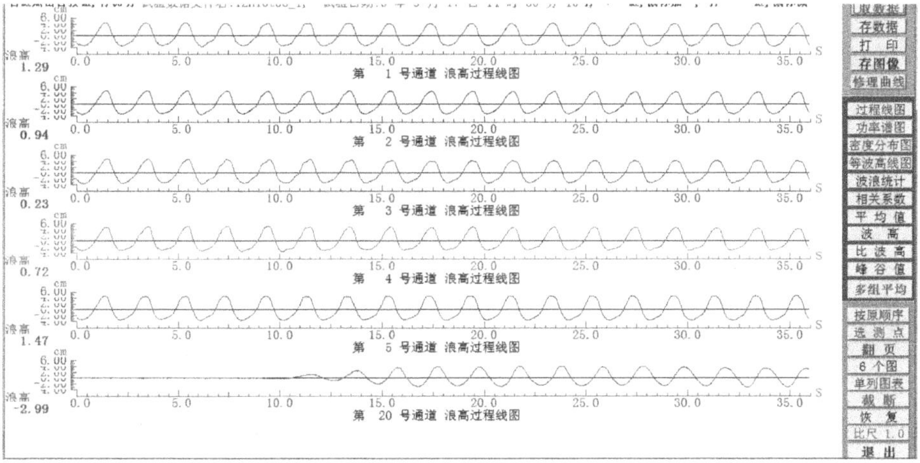

图 6.1-10　数据分析界面

第二节　风浪流不规则波造波系统

1　系统概况

1.1　系统介绍

风浪流不规则波造波系统包括二维不规则风浪流水槽、二次反射波全吸收装置、造波机等。风浪流水槽尺寸为长(85 m)×宽(1.0 m)×高(1.5 m)，配有带二次反射波全吸收装置的伺服电机型水槽不规则波造波系统、循环水流系统、加风系统，能模拟最大波高 0.3 m、波周期 0.5～5 s 的不规则波，模拟最大流速 0.5 m/s (0.5 m 水深条件下)、最大风速 15 m/s，能进行风、浪、流共同作用或单独作用下的物理模型实验，具备研究海工建筑物在二维不规则波作用下的各种动力响应机制及海岸工程中波浪与建筑物相互作用关键技术和理论问题的能力。见图 6.2-1。

图 6.2-1　二维不规则风浪流水槽

1.2　设备基本情况

(1) 设备型号：二维不规则风浪流水槽 NHRI-3，二次反射波全吸收装置 WRS-21。

(2) 系统配套：二维不规则风浪流水槽、二次反射波全吸收装置、造波机、测量仪器等。

(3) 设备基本参数：长 85 m，宽 1.0 m，高 1.5 m，配有伺服电机型水槽不规则波造波机，配有二次反射波全吸收装置、循环水流系统、加风系统，能模拟最大波高 0.3 m，波周期 0.5～5 s 的不规则波，模拟最大流速 0.5 m/s(0.5 m 水深条件下)，模拟最大风速 15 m/s。

1.3 造波机开关机顺序

造波机使用时具有严格的操作步骤，造波机开机顺序为：

造波机总电源——造波机开关——电脑电源——“TSWAveA”程序(或不规则波电脑造波程序)——推波板状态显示器电源——势能开关——开始造波。

造波机关机顺序与开机时相反，即先关闭推波板势能开关、推波板状态显示器电源，再关闭造波机开关。

2 造波系统软件功能

2.1 规则波

2.1.1 “TSWAveA”程序

打开“TSWAveA”程序，如图 6.2-2 所示。

(1) 在程序主界面，单击“ON”按钮(其字变为红色)，窗口左下角显示“Power ON”。打开推波板状态显示器前面板的“使能”开关，其上“电机使能”绿灯亮。此时电机转动(窗口左下角显示“Return”)，使推波板移到中间位置，并停住(左下角显示“Stop”)。

(2) 单击“AutoBlance”按钮，其字变为红色“Now Measuring”，稍等片刻后，推波板上各反馈用电容式波高仪的读数置零，Wave[V]右面各相应电压值趋近于零。本按钮上的字变为蓝色“AutoBlance”。

(3) 选择“Position”，“Absorption”一般不用，选中者其字为蓝色。

(4) “Internal”和“External”按钮中一般选用“External”，选中者其字为蓝色。如选“External”，其右边的白色字符框中显示“External”。

(5) 设置造波参数，无地形情况下 20～100。“Attenator[%]”参数仅在“Internal”模式的造规则波情况下才需要调整。在“External”模式下可不必改动。

(6) 单击“START”按钮(其字变为红色)，它具有软启动功能，窗口左下角显示起初为“Slow Start”，数秒后转变为“Driving”，就进行造波了。

(7) 单击“STOP”按钮(“Start”按钮变为蓝色)，数秒后停止造波。但如在“Absorption”模式工作时，虽不继续造波，但推波板仍在工作，即吸收反射波使水槽中水面很快平静下来。

(8) 单击"OFF"按钮(其字变为蓝色),窗口左下角显示"Power OFF"。

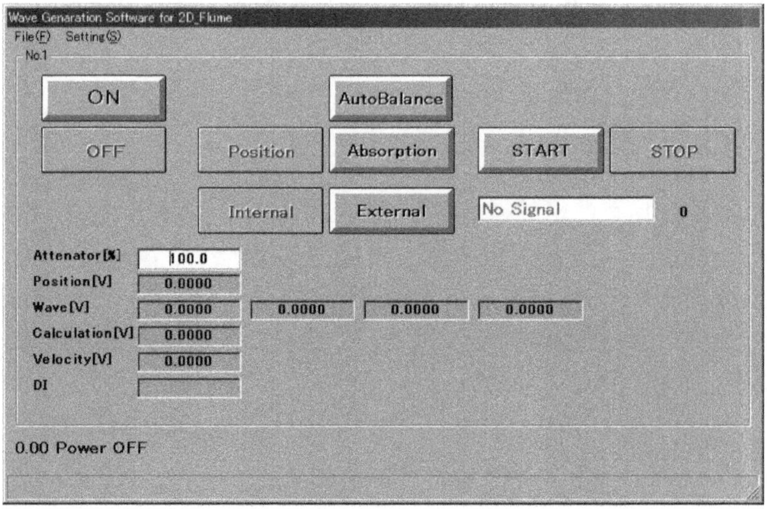

图 6.2-2　TSWAveA 程序界面

TSWAveA 程序各控件的功能和作用如下:

(1) "ON"打开电机使能,并使推波板自动回到中间位置。"OFF"关闭电机使能,电机停止工作。

(2) "AutoBalance"吸收工作模式时,使推波板上各电容式数值归零。执行此步骤时水面应静止。"Position"无吸收工作模式,推波板回到中间位置。

(3) "Internal"内部模式,由 TSAcq 程序提供造波信号。"External"外部模式,由造波机程序经 D/A 输出提供造波信号。

(4) "START"开始造波,"STOP"停止造波。

(5) "DI"推波板后限位时此值为 1,推波板前限位时此值为 2,电机报警时此值为 3。

2.1.2　TSAcq 程序

在用"Internal"模式造波时,先打开电脑中的另一个程序"TSAcq",屏幕显示:"Cannot Open A/D Board!"按"确定"后进入主窗口,如图 6.2-3 所示。

注意:只有采用"Internal"模式时,才需要由本程序生成造波文件。

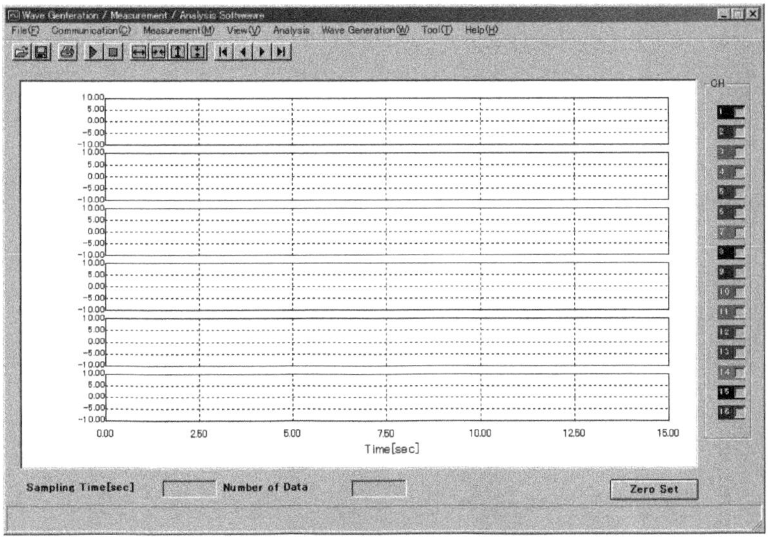

图 6.2-3　TSAcq 程序界面

点击“Wave Generation”+“Set Wave Signal”，进入“Set Wave Signal Parameter”窗口，如图 6.2-4 所示。

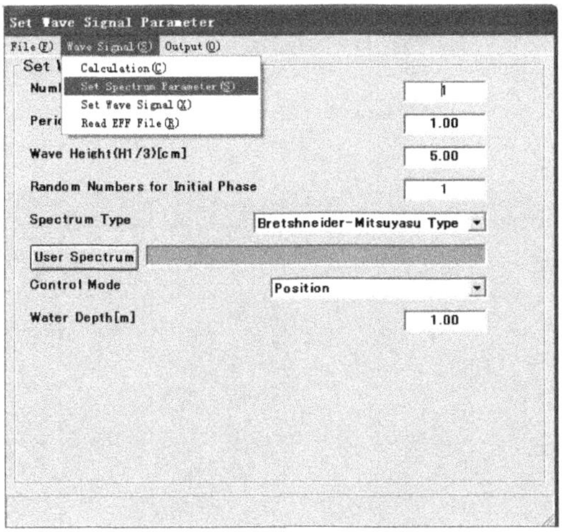

图 6.2-4　规则波参数配置

2.1.3　规则波造波信号的计算、保存与发送

(1) 选“Wave Signal”+“Calculation”进行造波信号的计算。计算完成后，窗口左下方显示“Calculation done!”。

（2）选“Wave Signal”+“Set Wave Signal”将造波信号发送给造波控制程序，此时在“Wave Generation”程序窗口“Internal”的右边白色信息框中的显示从“No Signal”变为“Sin Wave”。信息框右边显示一个数字，每发送一次该数字加 1。

2.2　不规则波

（1）选择菜单“生成造波数据文件——生成不规则波数据文件——Jonswap 谱”，如图 6.2-5 和图 6.2-6 所示。选择“继续”，生成造波数据文件。

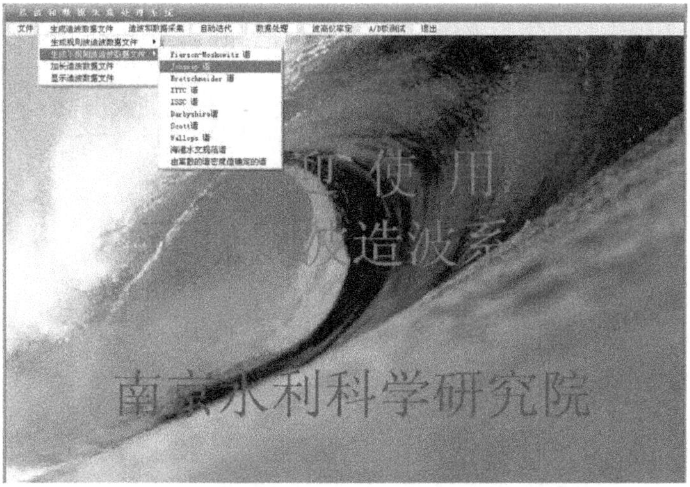

图 6.2-5　生成不规则波

图 6.2-6　Jonswap 谱参数设置

(2)不规则波造波和数据采集。

点击“造波和数据采集菜单”，在造波文件选择菜单中双击“DAOUT. DAT”，随后设置采样通道、每通道采样数据量、采样时间间隔及采样时间延迟。确定参数后，点击造波。在另一个电脑中，点击“TSWAveA”程序(图 6.2-2 所示)的“START”，造波开始。

注意：每次生成不规则造波文件后系统均默认文件名为 DAOUT. DAT。

2.3　采集数据的处理

采集到的数据可在“造波机”程序中进行分析处理，步骤如下：

(1) 在“造波机”程序中用“文件”+“数采文件格式变换”将采样数据文件变换为后缀为. Tsd 的文件，并复制到“造波机”程序所在电脑安装盘\UsrDir\ADTsd\的目录下。该文件已包含波高仪的率定数据。

(2) 在本程序主窗口下，用“File”+“Read Data”读取“B”上的 ADTsd(Z:)\目录下. Tsd 文件。此时窗口中会显示采样数据波形，波形图的纵坐标为波高值(cm)。

(3) 在本程序主窗口的“Analysis”下，选择“Statistics Analysis”进行波浪特征值分析或选择“Power Spectrum Analysis”进行谱分析。

第三节 实验港池可移动式造波机系统

1 系统概况

可移动式造波机系统安装在河海大学江宁校区水资源实验大厅实验港池中，港池尺寸为长(55 m)×宽(34 m)×深(1.1 m)。造波机总宽度 27.5 m，由 5 块独立推板组成，伺服电机驱动，最大工作水深不低于 0.6 m。

实验港池可移动式造波机系统主要用于海岸工程及海洋工程的波浪模型实验。见图 6.3-1。

图 6.3-1 实验港池可移动式造波机系统

设备基本情况：

(1) 设备主要配套：港池、可移动式造波机系统、控制系统等。

(2) 主要技术指标。

A. 规则波技术指标：波周期变化范围 0.5～5.0 s；波高变化范围 0.02～0.25 m(水深为 0.2～1.0 m)；波高有效值误差：$|\Delta H_S|/H_S \leqslant 4\%$。

B. 不规则波技术指标：波周期变化范围 0.5～5.0 s；波高变化范围：0.02～0.18 m；有效波高有效值误差：$|\Delta H_S|/H_S \leqslant 4\%$；谱峰周期：$|\Delta T_P|/T_P \leqslant 4\%$；总能量误差：$|\Delta M_0|/M_0 \leqslant 6\%$。

C. 配套 8 通道测波仪 1 套，每通道最大测量范围 0.5 m。

2 软件操作

2.1 造波系统

操作台:操作台上安装有操作按钮,工控机,内部安装有 PLC、伺服驱动器等电气元件。两侧安装了散热排风扇。如图 6.3-2 所示。

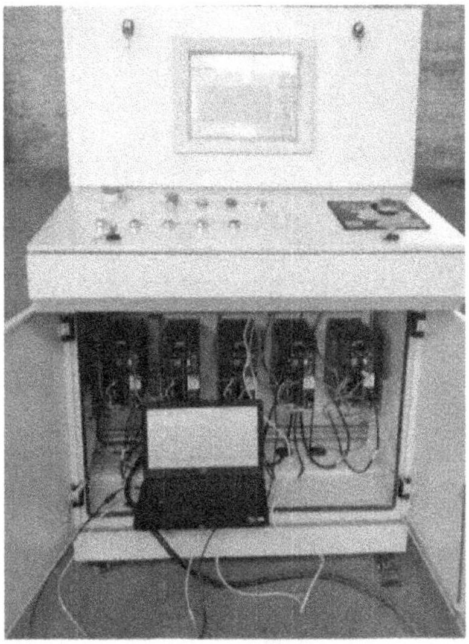

图 6.3-2 造波系统操作台

2.2 设备操作顺序

1. 设备上电

电源开关位于操作台左上角,如图 6.3-3 所示,红色圈内为主电源开关。将电源开关旋转到“ON”状态则设备上电,旋转到“OFF”状态则设备断电。在实验结束后,请切断电源。图 6.3-3 电源开关处于“OFF”状态。

2. 进入控制软件

造波系统操作台,工控机将自动启动,设备通电会先运行启动画面,如图6.3-4所示,并自动进入控制软件首页,如图 6.3-5 所示。

软件首页,可以通过页面切换按钮进入“规则波”“随机波”“报警”等页面。“报警”界面可以查看报警信息,进行“报警确认”和“故障复位”操作。

注意:(1)“退出系统”需要管理员权限才能退出。

(2) 检查操作台上的急停状态,如果急停按下,顺时针旋转急停按钮将其复位。

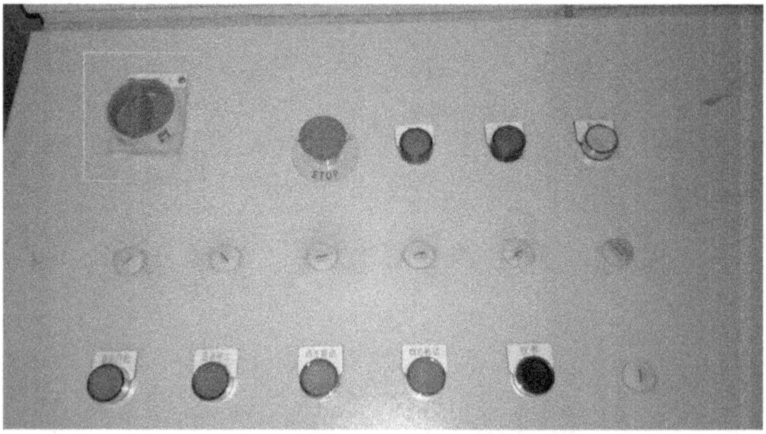

图 6.3-3　造波系统操作台电源开关

图 6.3-4　造波系统启动界面

2.3　软件功能

2.3.1　造波板回零

进入软件操作界面(例如规则波界面，如图 6.3-6 所示)，观察界面右侧“系统状态”指示灯，“左限位”“右限位”“使能”“齿轮”“通信”，五个指示灯应该都为绿色，

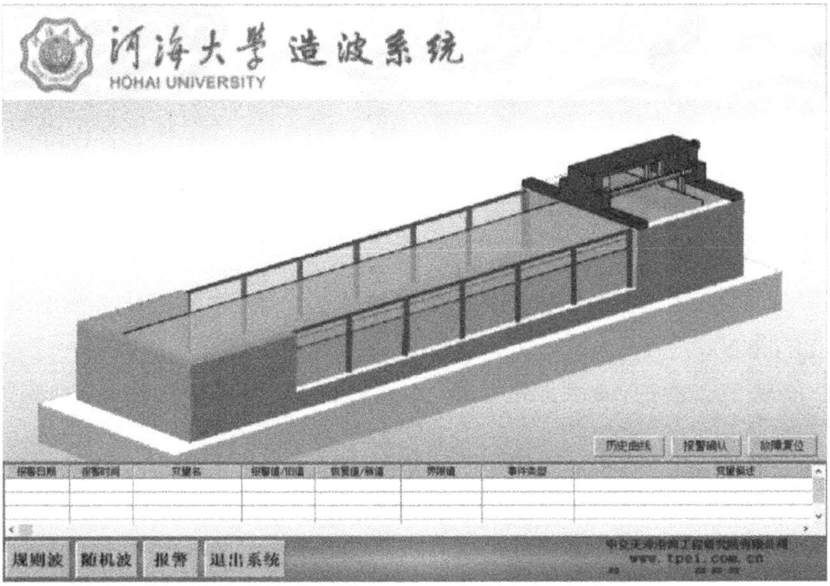

图 6.3-5　造波机控制软件首页

则设备运行正常。此时，按下操作台回零按钮(大于 3 秒)，造波板将自动后退到后限位，接着自动向前前进到中间零位停止，回零完成。

注意：每次上电后回零动作只需完成一次即可。

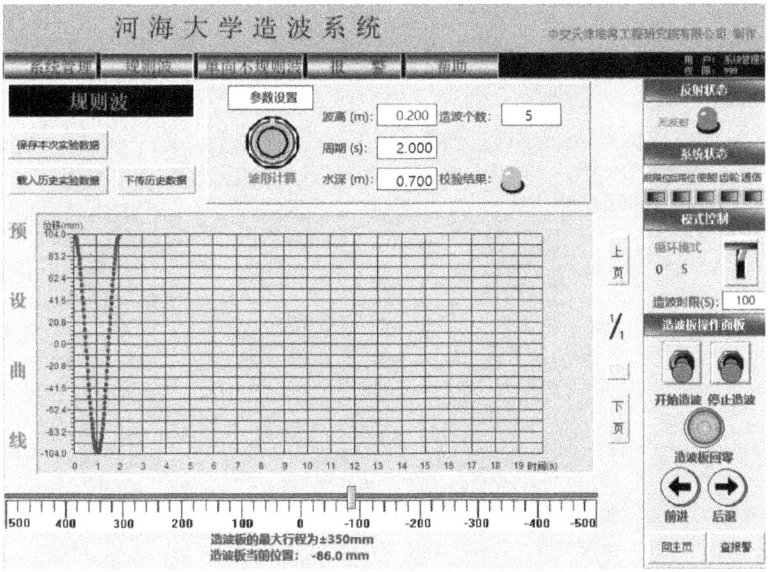

图 6.3-6　造波板回零

2.3.2 造波

录入造波参数，点击图 6.3-6 所示“参数设置”区的“波形计算”按钮，在图形区将显示蓝色预设曲线计算结果。检查校验结果指示灯，当指示灯变为绿色时则表示计算完成并且数据已经成功下发到 PLC。

点击操作台上的“造波开始”按钮，开始造波。当造波完成后，设备会自动停止。

注意：(1) 造波方式分为“单次模式”和“循环模式”，可通过画面“模式控制”按钮进行切换，单次模式将根据输入的造波个数进行造波，循环模式将根据输入的造波时间进行造波。

(2) 在造波过程中，如遇紧急情况，例如发生设备异响、损坏或人身伤害时，请立即按下操作台上的“造波停止”或“急停”按钮，将设备停止。设备正常运转时，不要随意按下急停按钮。注意：按下“急停”后需要先将“急停”按钮复位，再按操作台上的“复位”按钮将设备恢复正常。

(3) 实验结束后，请将水排放干净，设备断电。

2.3.3 规则波

规则波，可以分为规则波信息区、操作面板区、页眉区，详情请参考第六章第一节 2.1.1 章节。

2.3.4 单向不规则波

规范谱、PM 谱、JohnSwap 谱等详情请参考第六章第一节 2.1.3～2.1.5 章节。自定义谱如图 6.3-7 所示。

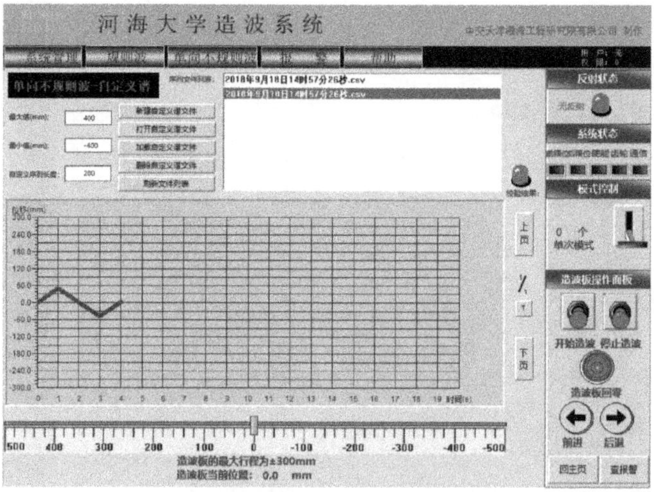

图 6.3-7 自定义谱

自定义谱造波时需要注意以下事项：

A. 新建自定义谱文件时，需要先输入造波板的最大值、最小值、自定义序列长度等参数。

B. 点击“新建自定义谱文件”按钮，在序列文件列表里会自动生成一个最新时间的 csv 文件。

C. 选中新建的文件，点击“打开自定义谱文件”，如图 6.3-8 所示。写入造波板位移数据。注意：文件内数据为整型，单位为 0.01 mm。造波板移动到下一点时间为 0.02 秒。

D. 自定义谱文件完成后保存文件。再点击“自定义谱文件”，将刚编辑的谱文件加载上来，可以在位移曲线处观察造波板位移曲线图。注意观察“校验结果”指示灯，指示灯变为绿色时表示数据成功下载到 PLC，此时可以开始造波。

E. 我们还可以删除或者加载以前定义并保存的谱文件。

F. 加载好谱文件后就可以启动设备造波，详见规则波的“操作面板区”。

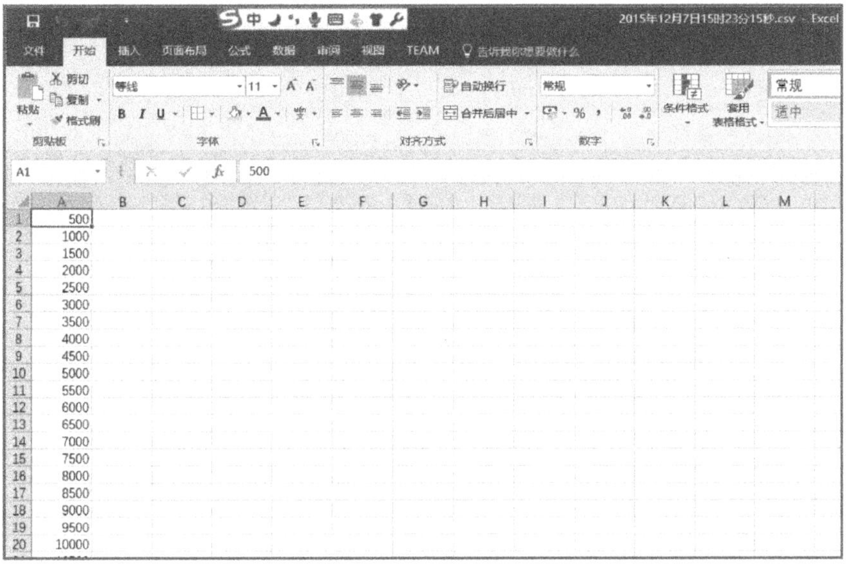

图 6.3-8　自定义谱文件

3　波浪测量系统

该造波机对应的波浪测量系统一般选择 DS30 型波高采集系统，详情请参见第二章第一节《DS30 型波高采集系统》。

4 常见问题及解决办法

4.1 调整造波板

本设备共有五块造波板，当造波板的位置不齐时，需要将造波板调齐到同一平面，有两种调整方法：

方法一：设备断电，手动将 5 块造波板调齐。

方法二：进入造波板调整界面，如图 6.3-9 所示，点击“齿轮解锁”按钮，可通过右侧齿轮锁状态指示灯来观察是否解锁成功(绿色表示齿轮锁定，红色表示齿轮解锁)。解锁成功后就可以通过左侧的调整按钮来调节造波板的位置，使 8 块造波板对齐。

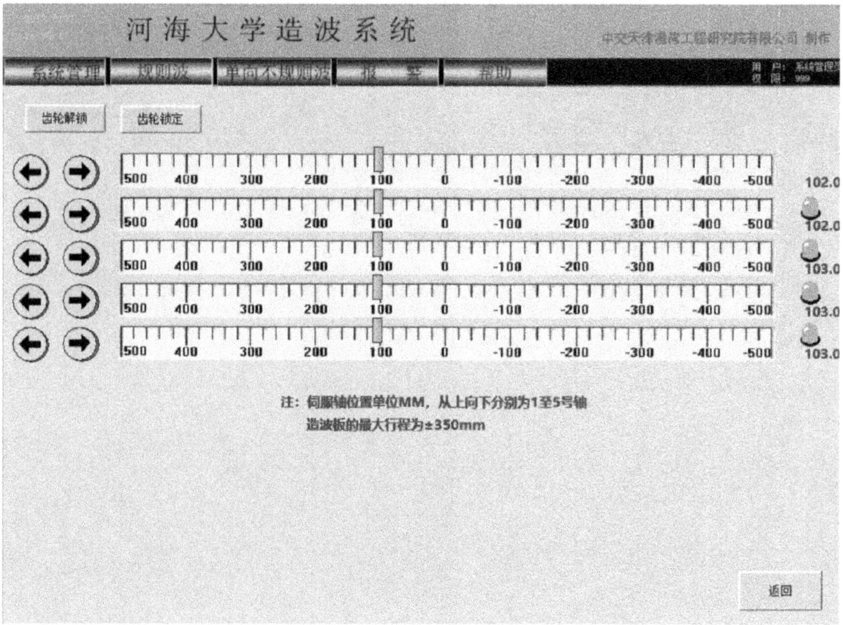

图 6.3-9 造波板调整界面

造波板调节完成后点击“齿轮锁定”按钮，将电子齿轮锁定，可通过右侧齿轮锁状态指示灯来观察是否解锁成功。完成后退出造波板调整界面。造波板需要回零一次。

4.2 工控机和 PLC 通信异常

问题一：操作台上的“左移”“右移”等按钮正常、画面上的“左移”“右移”等按钮不起作用，请观察画面上的通信状态指示灯，如通信状态指示灯为红色，则表示工控机和 PLC 通信异常，请检查工控机和 PLC 之间的网线连接。如图 6.3-10 所示。

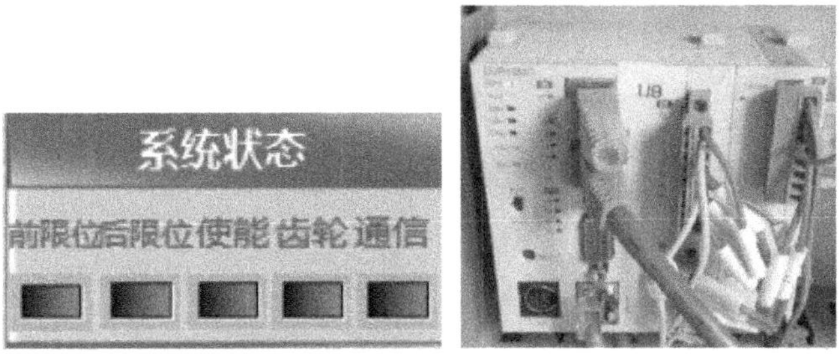

图 6.3-10　工控机和 PLC 通信异常

问题二：设备只能向前移动，不能向后移动，此故障是后限位开关触发或异常，请检查并排除后限位故障。

问题三：设备只能向后移动，不能向前移动，此故障是前限位开关触发或异常，请检查并排除前限位故障。

问题四：造波板前后都不能移动，可能是如下原因：

(1) 设备未上电，请上电。

(2) “急停”按钮按下，请复位。

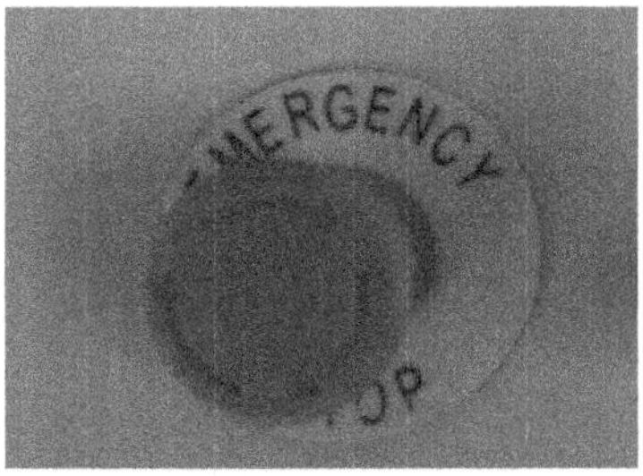

图 6.3-11　急停按钮

(3) 设备有故障，请按“复位”按钮排除故障。

图 6.3-12　复位按钮

(4) 可能前后限位都出现异常,请检查前后限位是否正常。

(5) 以上方法都不能解决问题,请将设备整体断电,5 分钟后重新执行上电动作。

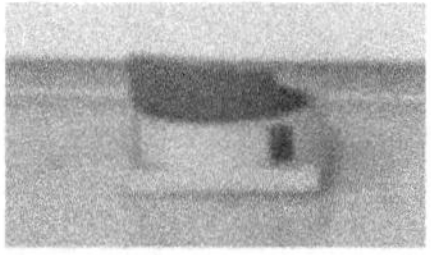

图 6.3-13 断面按钮

4.3 指示灯一直红色状态

录入参数并完成波形计算后,波形曲线已经出现,但是校验结果指示灯处于一直红色状态,说明数据从工控机传送到 PLC 时出现异常,可能原因如下:

(1) 观察画面通信指示灯是否正常,如果红灯,请检查工控机网线。

(2) 重新计算,观察数据传送是否正常。

(3) 切换到其他波形进行计算,观察数据传送是否正常。

(4) 切断设备电源,5 分钟后重新上电,再执行操作。

4.4 安全警告

(1) 设备上电或运转时,严禁接触设备运动部件,有发生人身伤害危险。

(2) 设备上电时,操作台内带有高压电,严禁触碰接线端子等部位,严禁带电拔插电机电缆或操作台内电气部件,有触电危险。

(3) 设备如需维修,请在断电状态下进行,严禁带电维修机械或电气部套,有触电或人身伤害危险。

第四节　弯道变坡水槽系统

1　系统概况

1.1　系统硬件

弯道变坡教学实验水槽，采用控制电动蝶阀提供平稳水流、电磁流量计监测显示流量，水槽附带泥沙沉降池、架空结构、变坡装置、轨道、仪器承台等。水槽采用矩形断面，其尺寸为长(38 m)×宽(1.0 m)×高(0.6 m)，即 15 m 长直线段＋8 m 长弯段＋15 m 长直线段，有效实验段长度 30 m。弯道变坡水槽具有多项功能，可以单独使用直段水槽测量二维及三维流场，研究微观尺度上的紊流及层流运动机理，直段内水流不受水槽弯道对水流流态的影响；也可通过弯段水槽研究曲率对水槽内泥沙运动的影响，进行河床冲刷演示实验；水槽坡度电动可调，变幅为 0～1.5%，可模拟不同坡度下，天然河道径流水利特性，揭示水沙耦合运动规律，实现了一槽多功能。见图 6.4-1。

水槽可应用于“港航工程综合实验”“海岸动力学教学实验”等教学实验，也可用于大学生创新创训实验、研究生论文实验等，具备研究河道演变现象、河道演变机理、弯曲河道水流运动特性等实验条件。

图 6.4-1　弯道变坡教学实验水槽

水槽基本信息

（1）系统配套：水槽、造波机、流量计、控制系统等。

（2）设备技术指标：长 38 m，宽 1.0 m，高 0.6 m，上下游直段各长 15 m，弯段外弧半径 4 m；水槽最大设计流量 208 L/s，水深 0.4 m 时流速为 0.5 m/s；水槽最大设计水深 0.5 m；水槽边壁玻璃板厚度 3 cm（双层）；水槽架空结构，距离地面 1.0 m高；坡度电动控制变幅为 0～1.5%；仪器固定轨道直径为 1.0 cm，可调；冲沙槽中心线距进水口距离为 7 m，长 2.6 m，深 0.3 m，设置盖板，排水口配开关阀门；水槽进水直线段与弯段连接处，即直段变坡水槽的尾端设有尾门、出水口及盖板，单独使用直段变坡水槽功能时，打开盖板，满足水槽实验用水的排放；尾门，通过尾门控制软件自动进行 0～90°开度控制，水槽设置两套尾门结构，分别设置在直段变坡段尾端和 U 形水槽尾端，实现两种水槽功能；仪器承台可在水槽轨道纵向滑动。

1.2 常用实验类型

（1）弯曲河道水流运动特性实验（旋浆流速仪、ADV 或小威龙、PIV、高速相机、水位计等）。

（2）弯道水流结构与泥沙冲淤实验，边坡模拟冲刷实验。

（3）弯道环流与水流剪切力的变化特征（ADV＋水位计），可用于研究岸坡崩塌问题。

1.3 常用实验设备

弯道变坡水槽中常用的实验设备有：

（1）ADV 二维或三维流速流向观测系统（二维侧视式 ADV 探头/三维俯式 ADV 探头）。

（2）PTV 三维流场实时测量系统（常配套高速相机一起应用）。

（3）多点水位和流速实时测量系统（CSY02-8 型流速仪和 NKY08-2 型探测式水位仪）。

（4）多点含沙量测量系统（NHRI 型含沙量测量仪、CSY02-8 型流速仪）。

2 控制系统操作

2.1 系统主界面操作

系统软件安装后，双击桌面，进入主界面，如图 6.4-2 所示，分为绘图区、设备列表区、浏览区和功能区四个区域。

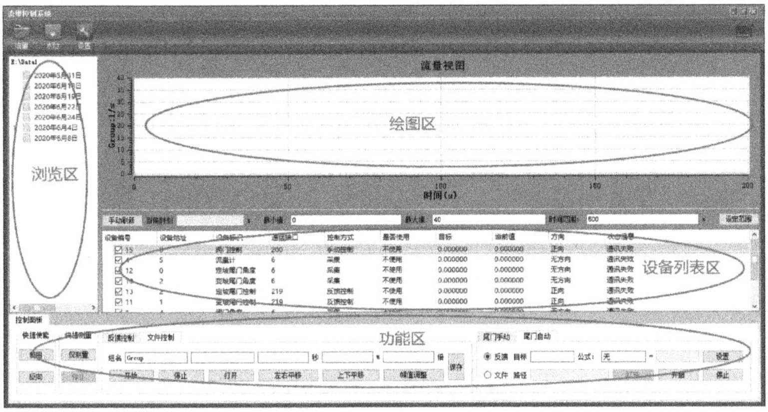

图 6.4-2　弯道水槽系统主界面

2.1.1　绘图区

绘图区，显示时间-数据曲线，可通过工具栏按钮进行流量的选择。该区功能主要有：图形放缩、时间范围设定、最值设置等。

图形放缩：图形区可实现框选放大，更好地查看局部流量细节。

时间范围设定：流量图动态显示 300 秒的流量数据，每秒更新一次数据，当数据超过 300 点时，坐标轴自动变换，显示最新的 300 秒数据，显示范围可在绘图区下方“时间范围”对话框输入数据进行设置，如图 6.4-3 所示。

图 6.4-3　绘图区流量时间范围设定

最值设置：可指定区域，点击手动刷新按钮，切换到手动设置，可设置区域的最大值（上限）、最小值（下限）、起始时间和终止时间。

2.1.2　功能区

功能区的主要作用有反馈控制和文件控制。

1. 反馈控制

反馈控制主要应用于恒定流，可以针对某一流量组进行控制，如图 6.4-4 所示，在“目标”对话框中输入需要的流量，点击“发送”按钮开始流量反馈控制，点击“停止”按钮可停止流量反馈控制，点击“全部停止”，则可停止全部阀门，同时停止流量反馈控制。8 个数字按钮用于动态改变阀门目标流量，例如，点击“+10”按钮，目标流量增加 10 L/s，点击+1 按钮，目标流量增加 1 L/s；点击“-10”按钮，目标流量减少 10 L/s，点击-1 按钮，目标流量减少 1 L/s。流量以图表形式显示，实时流量在“设备列表”区域实时更新。

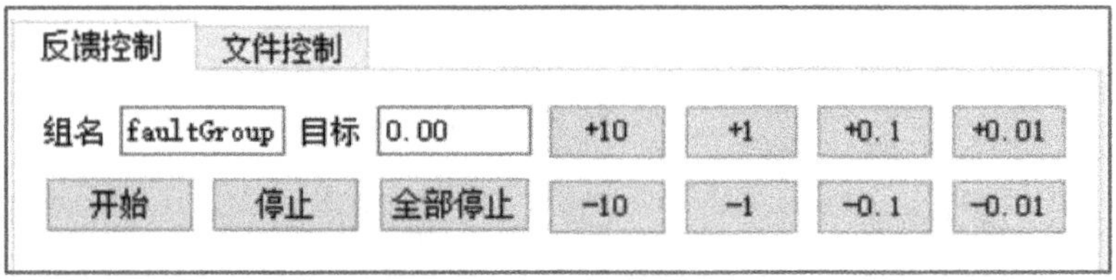

图 6.4-4　反馈控制功能

功能区“控制面板”下的“快捷使能”区域，“使用”和“不使用”按钮，用于快速更改阀门、流量计是否使用情况。“反向”按钮，用于调节尾门的方向。

2. 文件控制

文件控制一般用于分阶段的恒定流或者用于仿真正弦形的非恒定流；但由于文件控制在算法上采用反馈控制，当用于仿真正弦形非恒定流时，要求的周期较大，每两个数据点的时间间隔不得小于 90 s。小周期正弦形非恒定流使用手动控制区的非恒定流控制，可实现最短 30 s 的正弦周期非恒定流。文件控制界面如图 6.4-5 所示，打开需要非恒定流文件，点击“开始”按钮，程序会根据控制文件生成目标曲线并开始控制过程。先以一个固定开度运行一段时间，默认为 120 s，用于稳定系统流量状况，也可在图 6.4-6 中进行修改，稳定时间可以根据水槽或模型的情况、上水方式等灵活确定。

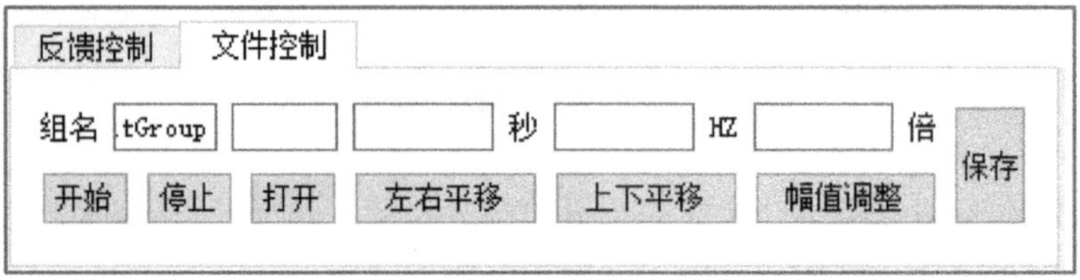

图 6.4-5　非恒定流调节区

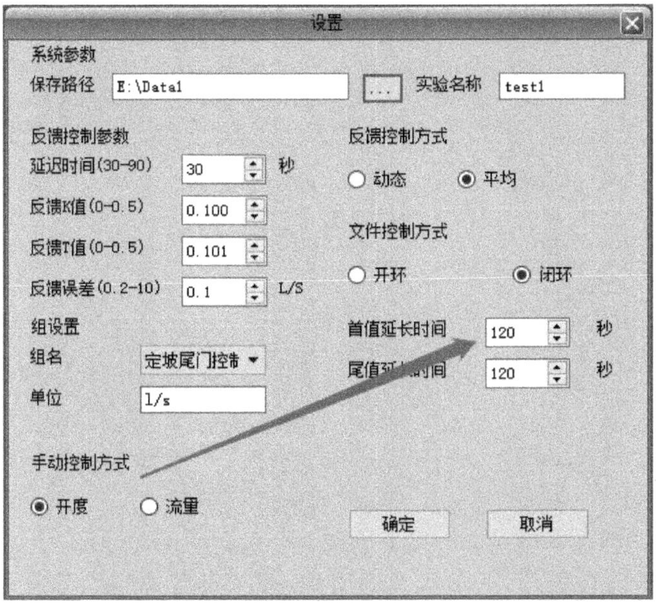

图 6.4-6　稳定时间设置

2.2　非恒定流文件格式及要求

非恒定流文件要求为.txt 文件格式，正弦非恒定流一个周期至少要求 25 个目标数据点，文件格式如下：

1　　//循环次数，0 为无限

25　　//数据点数

　　//时间目标流量

0.00　　3.00

0.42　　3.26

0.83　　3.50

1.25　　3.71

1.67　　3.87

2.08　　3.97

2.50　　4.00

2.92　　3.97

3.33　　3.87

3.75　　3.71

4.17　　3.50

4.58　　3.26

5.00　　3.00
5.42　　2.74
5.83　　2.50
6.25　　2.29
6.67　　2.13
7.08　　2.03
7.50　　2.00
7.92　　2.03
8.33　　2.13
8.75　　2.29
9.17　　2.50
9.58　　2.74
10.00　　3.00

根据需要的流量波形，如图 6.4-8 所示，在工具界面输入基值、幅值、周期、点数等目标参数，也可自定义设置参数，编辑时间点、流量值，点击插入控制点。点击“确认参数”按钮，在波形函数中显示当前正弦函数。如图 6.4-7 所示，点击“生成文件”按钮，即可生成非恒定流控制文件。

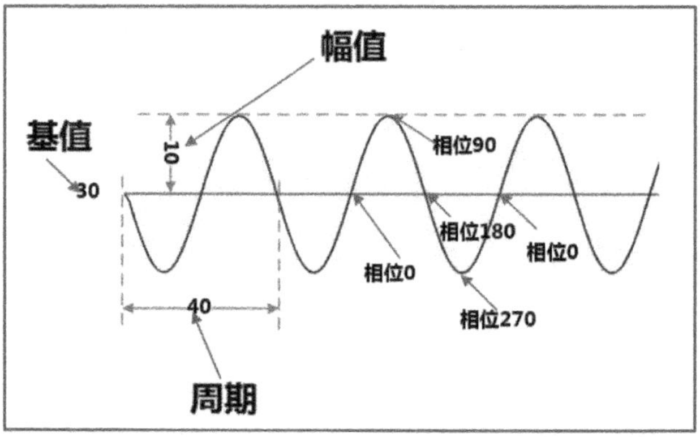

图 6.4-7　流量波形图

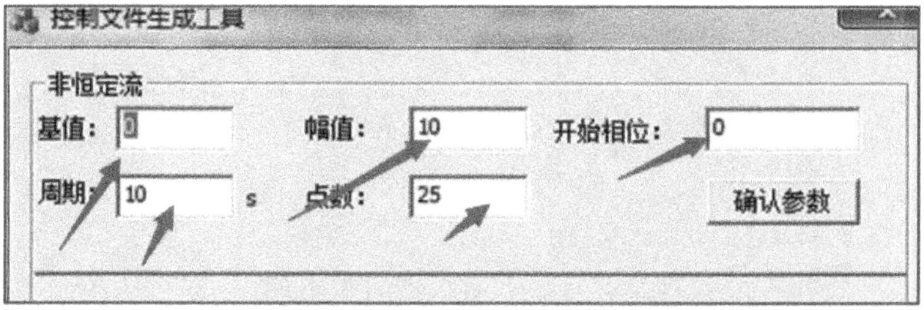

图 6.4-8　非恒定流文件生成工具

稳定时间期间的固定频率运行完成后，开始进入调试运行周期。一般情况下，默认参数的运行结果和目标曲线会不一致，调节参数可以获得和目标曲线一致的实际运行曲线，如图 6.4-9 所示，线条中直线为目标曲线，曲线为模拟曲线。

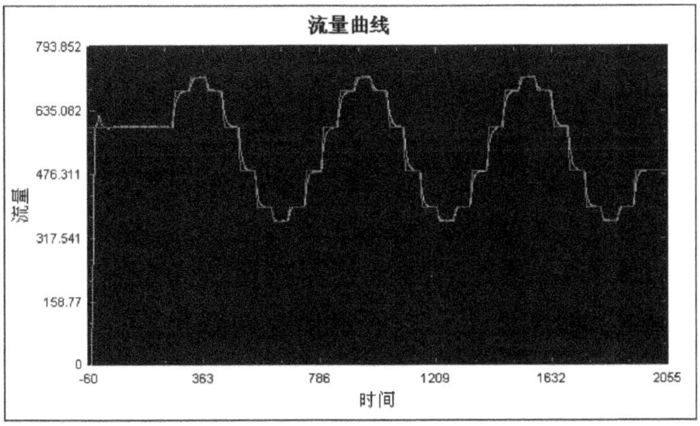

图 6.4-9　文件控制效果

参数调节可按如下步骤进行：

（1）先运行一个周期，根据实际运行曲线和目标曲线的相位差值调节修改图 6.4-5 中的左右平移参数。调整后继续运行一个周期，直到目标曲线和实际曲线相位相同则进行下一步。

（2）根据目标曲线和实际曲线的震荡中心幅值之差修改调节图 6.4-5 中的上下平移参数，直到二者震荡中心幅值相同则进行下一步。

（3）根据目标曲线幅值和实际曲线幅值之差，修改调整图 6.4-5 中的幅值调整系数，直到二者幅值相同则完成。

（4）上述三步完成后，运行至少三个周期，查看运行情况是否稳定，是否还有偏差，如果有，则返回第一步重新调节。

2.3　尾门控制

尾门控制功能位于功能区中间的子功能区，如图 6.4-10 所示，点击功能区的尾门控制选项，激活尾门控制子功能区，开始尾门控制。

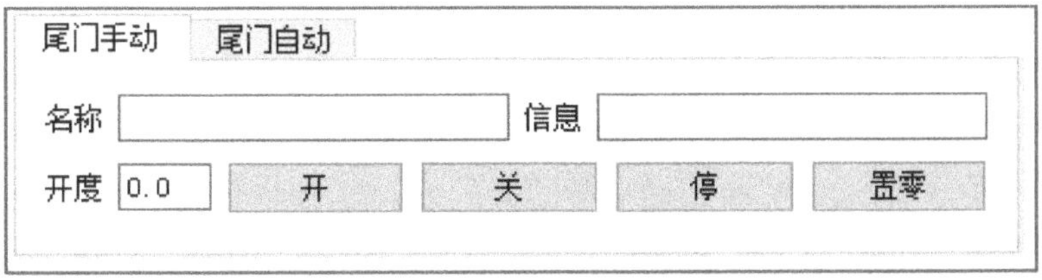

图 6.4-10　尾门控制功能区

2.3.1 尾门手动控制

选中手动控制，系统开始运行后，自动开始尾门开度采集。尾门开度实时显示在实际开度框内，能获得实时尾门开度信息。信息栏显示尾门设备的状态，“开”“关”和“停”。尾门开度采集频率为每秒1次。

2.3.2 尾门自动控制

点击反馈控制，进入尾门自动控制。(如图6.4-11所示)

在反馈公式中填入想要的反馈来源，比如希望ID为61号水位作为反馈来源，则填入“@61”，此时尾门水位会显示当前设备的数值，如果希望ID为61号水位减去62号水位，可填入“@61—@62”，尾门水位会显示当前的公式及数值。点击设置，保存当前的公式。

在目标中输入需要的水位，点击“开始”按钮，启动尾门水位控制，在设备列表区会实时显示水位信息。点击“停止”按钮停止尾门水位控制。靠近尾门的探头水位等于目标水位，尾门水位控制也自动停止。

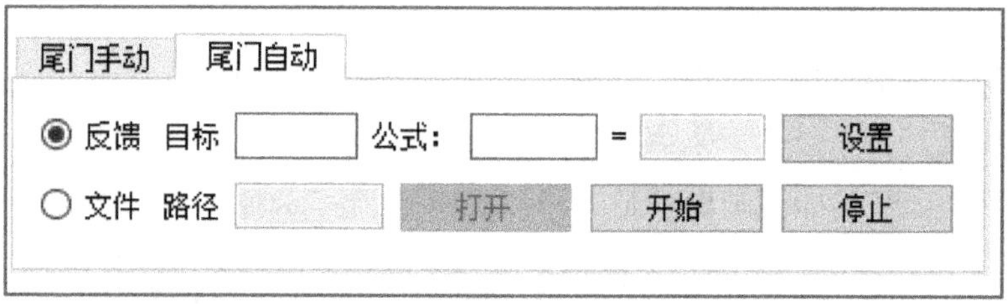

图6.4-11 尾门自动控制功能区

2.4 系统设置

系统的设置通过工具栏上的按钮可以打开，打开如图6.4-12所示。

反馈延迟时间，是设置反馈控制的开始延迟时间，以便水泵上水。反馈 K 值可调整反馈控制的力度。K 值越大，反馈响应越及时，但是流量曲线会抖动得厉害。反馈误差是指反馈控制的等候误差，即在这个误差内，反馈控制将不进行流量调整，等待下一次流量采样。

手动控制方式，可根据需要选择阀门开度控制或流量控制。

反馈控制方式，选择两种反馈流量的分配方式分别为平均分配与动态分配。

文件控制方式，选择为当前文件控制的方式，一个为正弦波，一个为梯形，正弦波的需求是周期较短，不断重复的非恒定流实验，此时只能进行开环控制，调节各

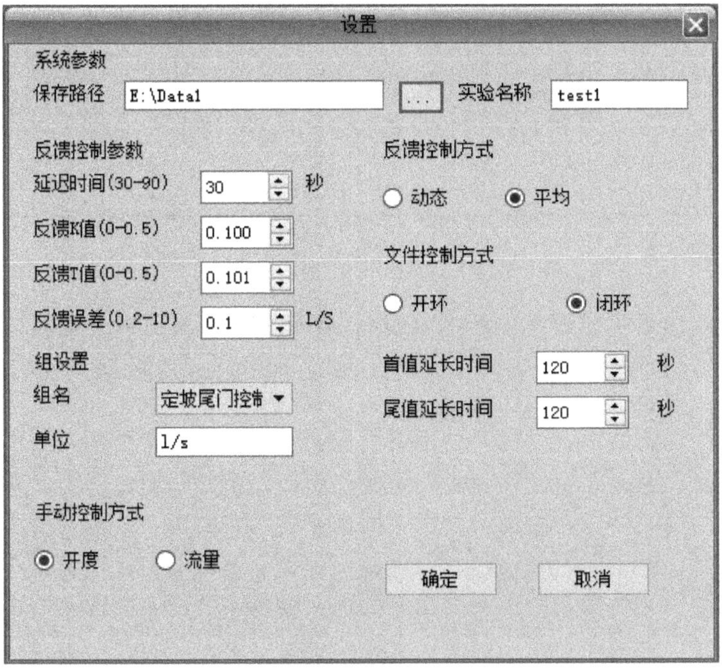

图 6.4-12　系统设置对话框

种控制参数。梯形的需求是单个流量持续时间较长，此时可以进行反馈控制。

实验名称为自定义的数据文件开头，默认为 test1。

流量显示 X 坐标范围与水位显示 X 坐标范围，可以调节数据图表的显示区域，其偏移基准点为当前时刻。

2.5　数据管理

系统运行时的实时数据保存在系统文件夹内，系统文件夹可从设置中修改，系统以天为单位建立文件夹，每天的数据保存在该文件夹下，如图 6.4-13 所示。每天的数据按系统每次运行的时间建立文件，保存每次运行数据，如图 6.4-14 所示。如果系统连续运行时间超过 1 天，则文件保存在最开始所在文件夹内。

图 6.4-13　数据文件按日期文件夹管理

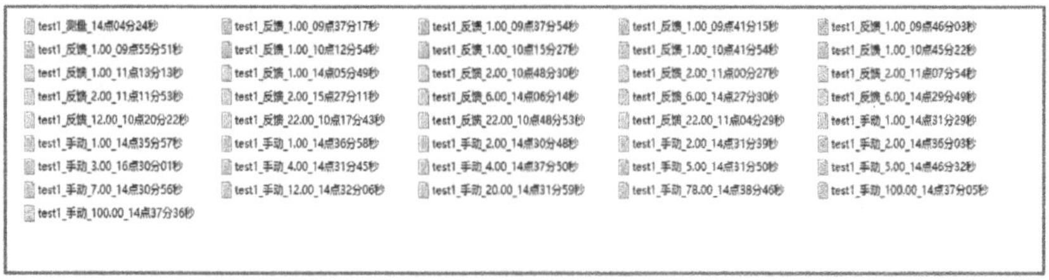

图 6.4-14　每天按时间管理运行数据

系统数据包括所有设备的数据，数据保存开度一般为 1 秒 1 次或者 1 秒 2 次；具体数据包括保存时间，各流量计流量数据、各水位计水位数据。数据以.txt 文件方式保存，方便用户进一步编辑，如图 6.4-15。

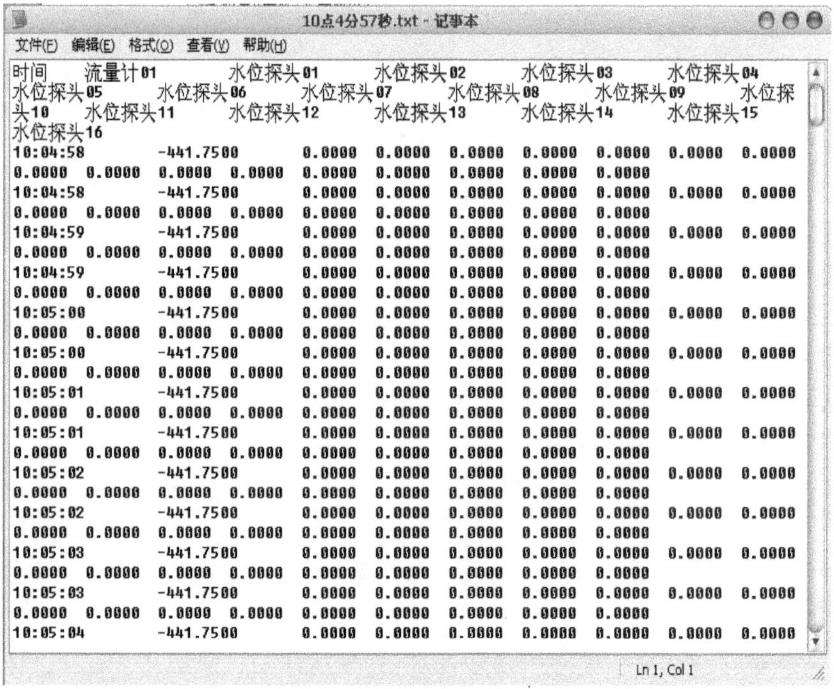

图 6.4-15　系统运行数据

3　常见问题及解决办法

3.1　控制设备不显示

现象：开启软件后，数据列表中不显示设备，数据列表为空。

可能原因：通信中断，供电异常，设备被其他介质占用、设备异常等。

解决办法：

（1）查看电脑网络连接是否正常，重新插拔网线。

（2）查看设备通电状态是否正常。

（3）查看所有控制电脑是否启用系统占用目标设备。笔记本电脑设置了固定IP段，与控制柜内的设备不在同一网段内，需要将笔记本电脑的IP段改成自动获取。

（4）关闭程序，使用硬件方式进行控制，如不运行则硬件设备损坏，如尾门运行，则还原程序配置文件。

3.2　变频器运转无造流

现象：使用程序进行控制时，变频器运行但是水槽没有造流现象。

可能原因：阀门未开启，检查阀门开闭状态。

3.3　流量显示不准确

可能原因：流量计存在测量误差，或者流量计已损坏。

解决办法：

（1）流量计重新标定。

（2）设备损坏，更换流量。